_____ 님께

_____ 드림

위로받고 싶은 마흔 벼랑 끝에 꿈을 세워라

위로받고 싶은 마흔

벼랑 끝에 꿈을 세워라

초판 1쇄 인쇄 2013년 8월 1일
초판 1쇄 발행 2013년 8월 7일

지은이 | 김상철
펴낸이 | 전영화
펴낸곳 | 다연
주　소 | (121-854) 경기도 파주시 문발동 535-7 세종출판벤처타운 404호
전　화 | 070-8700-8767
팩　스 | (031) 814-8769
이메일 | dayeonbook@naver.com
ⓒ 김상철

ISBN 978-89-92441-41-4(03320)

위로받고 싶은 마흔
벼랑 끝에 꿈을 세워라

아플 수도 없는
대한민국 중년을 위한
위로와 공감

김상철 지음

다연
DAYEONBOOK

이젠 정말
나 자신을 위해서

마흔! 뒤돌아보니 아득하고, 앞을 내다보니 캄캄하다. 공자
(孔子)는 나이 마흔을 '불혹(不惑)'이라고 했다. 세상일에 정신
을 빼앗겨 판단을 흐리는 일이 없다! 즉, 마흔에는 절대 흔들림
이 없어야 한다는 뜻이다. 하지만 어떤가? 경쟁이 치열한 이 시
대에서 불혹을 견지하기란 사실 쉽지 않다. 직장만 해도 그렇
다. 아래에서 치고 올라오고, 위에서 내리누른다. 성과라는 깃
발을 둘러싼 채 막말로 너 죽고 나 살겠다 서로 밀치고 끌어당
기고 넘어뜨리며 자리 선점에 기를 쓴다. 그야말로 아비규환이
다. 그러니, 중년을 지나고 있는 이들 중 혹(惑)하지 않고 목석
처럼 견딜 사람은 거의 없지 싶다.

예전에는 하루하루를 보낸다고 말했다. 하지만 지금은 하루

하루를 견디고 있다는 말이 정확한 표현일 듯하다. 걷는 곳마다 살얼음판인가 하면 도처가 허방이다. 벼랑 아래로 추락하지 않으려면 정신줄을 바짝 조여야 한다.

새가슴이 되어 한없이 쪼그라드는 마흔이지만 그 어디에도 가슴을 열어놓고 호소할 데가 없어 답답하기만 할 뿐이다. 이 중년의 갑갑증은 회사의 배반에서 시작된다. 오랫동안 몸담았던 회사에게 배반을 당하자면 자식에게 배반당한 것만큼이나 큰 자괴감에 빠진다. 그동안 열정과 노력을 바쳐온 시간의 역사가 한순간 물거품이 되기 때문이다. 많은 중년이 회사를 나온 후 자괴감에 시달리는 이유는 자신의 헌신과 그 가치를 몰라주는 회사에 그토록 청춘을 다 바쳤다는 게 억울하기 때문이다.

사실, 회사는 내가 세운 조직이 아니기 때문에 언제든 짐 쌀 준비를 해야 한다. 여차하면 "굿바이, 회사!"를 외칠 수 있는 만반의 준비를 미리 해놓아야 하는 것이다.

회사의 배반 이후 벌어지는 또 하나의 경악할 일은 가족의 배반이다. 그러니, 대한민국 중년 남자들은 지금부터 10년 안에 회사와 가족이 나를 배반하리라는 사실을 염두에 두고 직장생활과 가정생활을 해야 한다는 생각마저 든다. 모르고 당할 때보다 알고 당할 때 자괴감의 강도가 덜할 테니까.

나는 후배들에게 자주 말한다. 나이 먹고 나면 결국 남자 곁에 남아 있는 이는 아내밖에 없다고 말이다. 물론 대부분의 후배는 내 말을 귓등으로 듣는다. 아마도 그들은 훗날 내 나이가 되어서야 나의 말을 실감할 것이다. 문제는 그때, 언제나 내 편인 줄 알았던 아내의 예상치 못한 태도다. 아내가 나를 귀찮아하더니, 급기야 돌아눕기 시작하는 사태가 벌어진다면? 생각만 해도 암울하지 않은가? 그래서 젊어서부터 아내에게 잘해주지 못했다면 지금부터라도 태도를 바꿔 개과천선해야 한다.

주위를 둘러보면 아직 한창 일할 나이에 인근 산을 타거나 집에서 빈둥거리며 시간을 보내는 이들이 더러 있다. 가만 보자면, 이들의 처지가 남의 일 같지 않다. 사실, 지금 밥벌이를 하고 있다고 해서 언제까지나 '안녕'을 누릴 순 없다. 운명의 발길질에 차여 밥통이 박살날 순간이 어느 날엔가는 반드시 올 테니까 말이다.

중년들을 가장 힘들게 하는 것은 희망이 안 보인다는 사실이다. 정말 이보다 더 견디기 힘든 것은 없다. 지금 비록 현실이 녹록치 않아도 내일 나아질 거라는 희망이 있다면 얼마든지 감내할 수 있다. 그러나 희망이 안 보인다는 것은 앞으로 어떻게 대처해야겠다, 어떻게 살아야겠다는 계획을 세울 수 없다는 뜻이다. 이는 망망대해에 통나무 하나 붙잡고 있는 것과 마찬가지다. 이런 상황에서 누가 내일, 미래에 대한 긍정적인 생각을 가질 수 있을까?

중년은 인생의 허리에 해당한다. 지금 무너지면 남은 인생의 미래가 암담하다 못해 불행해진다. 따라서 마흔 고개를 넘어서면 독서, 여행, 대화, 사색, 운동 등 갖가지 수단을 동원하여 자기계발을 하며 인생을 주도적으로 끌고 가야 한다.

인생은 선택으로 이루어진다. 지금 스스로 어떤 선택을 하느냐에 따라 남은 인생이 달라진다. 살아갈 날들이 살아온 날들보다 적은 중년들은 더 이상 어리석은 선택을 해선 안 된다. 가장 어리석은 선택은 아무것도 택하지 않는 것이다.

이제부터 더는 아내와 자식들의 눈치를 보며 자신 없는 인생을 살지 말자. 가족을 위한다는 미명하에 소중한 자신의 인생을 소홀히 하는 못난 중년은 되지 말자. 바로 지금이 나 자신의 최고 전성기라는 사실을 기억하기 바란다.

2013년 8월

김상철

CONTENTS

PART 1

아내가 곁에 있어도 나는 아내가 그립다

01

은퇴 후,
무엇으로 살 것인가?

　40대 주위를 둘러보면 너나없이 살기 힘들다고 아우성이다. 오죽하면 '아플 수도 없는 마흔'이라는 말까지 생겼을까. 오늘도 40대의 많은 이가 하루하루 살얼음판을 걷는 심정으로 마흔 고개를 넘고 있다. 그러다 보니 오랜만에 친구들과 모인 자리에서조차 화제는 으레 '은퇴 후 무엇을 하며 살 것인가?'이다. 그만큼 지금의 현실이 절박하고, 미래가 깜깜한 것이다.

　40대 중반부터 50대에 이르기까지, 사실 이들은 그 어떤 세대보다도 최고의 호시절을 보냈다. 이들은 실업계 고등학교를 졸업했어도 국내 굴지의 은행이나 대기업에 바로 취직할 수 있었다. 대학교에 진학한 경우, 4학년이 되면 유명 기업들의 러브콜에 즐거운 고민을 했었다.

중소규모 사업체들이 줄줄이 도산하던 IMF 외환위기 시절에도 이들은 나이가 30대 초반에서 40대 초반이었던 덕분에 별 어려움을 겪지 않았다. 바로 윗세대들이 몸담았던 조직에서 하루아침에 퇴출될 때에도 무리 없이 살아남을 수 있었던 것이다. 요컨대 지금의 중년들은 취업이 쉬웠던 데다가 직장에서도 순풍을 타고 달려온 세대라고 할 수 있다.

그러나 그 호시절도 다 지나갔다. 이제 은퇴를 앞두고 있거나 이미 은퇴한 이들은 맨몸으로 매서운 칼바람을 맞아야 하는 현실에 서 있다. 가혹한 현실만큼이나 미래 또한 암울하다. 풍전등화(風前燈火)와 다름없는 신세다. 산다기보다는 버티고 있다고 말하는 게 옳은 표현이다.

요즘 정년퇴직을 앞둔 중년 남성들 사이에선 '은퇴 싱글족'이라는 말이 유행하고 있다. 짝을 찾지 못한 사람들을 일컫는 '싱글족'이 이제 정년까지 한 자리 햇수만 남은 가장을 지칭하는 말로 변형, 사용되는 것이다. 즉, 직장에서 정년을 앞두고 있지만 생의 주기, 가정 형편, 연금 등 여러 여건상 은퇴생활을 즐기기 어렵고 오히려 정년 이후 재취업을 고민할 수밖에 없는 세대를 상징하는 말이 바로 은퇴 싱글족이다.

지인 중 은행에서 20년 이상 근무하다가 지점장 자리를 끝으로 퇴직한 S가 있다. 지금 그는 후배들이 지점장으로 있는 지점을 돌아다니면서 대출서류 점검, 연체관리 등의 일을 맡아보고 있다. 처음에 그는 지금의 일을 관두어야 할지, 힘들어도 계속 버텨야 할지 갈등했다. 하지만 두 아들의 대학 등록금과 아파트 대출금 상환 등 돈 들어갈 데가 많은 탓에 체면이고 뭐고 다 버리기로 결심했다.

현재 그의 급여는 지점장을 할 때의 삼분의 일 수준에 불과하다. 그럼에도 그는 돈벌이를 할 수 있는 현실이 그저 고마울 따름이다. 하지만 이 일마저도 1년 후에는 그만둬야 하는 처지여서 마음 한구석이 무겁다. 그는 현재 자신의 노후를 위한 준비는 엄두도 못 내고 있다. 남들은 은퇴 후 노후 인생 설계를 어떻게 할까 고민하고 있는데, 그는 지금 일을 그만두면 당장 하우스푸어로 전락하고 말 거라는 불안감에 불면증까지 겪고 있다.

한 대기업에 다니는 마흔 중반의 P는 부서에서 명예퇴직 신청자를 받을 때마다 가슴이 철렁 내려앉는다. 아직 작은아이가 고등학생인 데다 큰아이는 대학생인 탓에 한 해 들어가는 교육비만도 웬만한 직장인 연봉의 절반이다. 그래서 그는 아이들의 뒷바라지를 위해 최소 6~7년 더 일해야 하는 처지에 놓여 있다.

동시대를 살아가는 중년들, 특히 남자들은 안쓰럽다 못해 불쌍하다. 결혼 후, 평생을 한눈팔지 않고 누구보다 치열하게 살아왔지만 노후 자금 마련은 꿈도 꾸지 못했다.

얼마 전, 한 후배와 술잔을 기울였다. 그 후배는 자식교육에 '올인'하고 있었기에 나는 가끔 지나가는 투로 노후 대책을 세우라고 말하곤 했다. 그날 역시 후배에게 자식교육도 중요하지

위로받고 싶은 마흔 벼랑 끝에 꿈을 세워라

만 이제 슬슬 부부의 인생을 챙겨야 한다고 말했다. 그러자 후배는 이렇게 말했다.

"노후 자금요? 자식들 키우고 공부시키고, 그다음에 남는 게 있어야 저축을 하죠. 지금 저축은커녕 은행 빚만 늘고 있습니다. 죽지 못해 사는 거지요. 지금 다니는 직장도 간당간당해요. 그래서 요즘 좀 더 안정적인 일이 없을까 고민하고 있어요. 사람들이 공인중개사나 아파트의 관리소장 자리가 괜찮다고 해서 남몰래 자격 요건을 알아보고 있어요."

우리나라의 평균 은퇴 연령은 53~54세로 주요국 중에서 가장 빠르다. 일본은 60세로, 다른 나라에 비해 빠른 편이지만 최근 정년을 65세로 늘려가기로 했다. 미국, 프랑스, 독일 등의 은퇴 연령은 61~64세로 우리나라보다 적게는 7년, 많게는 10년 이상 늦다.

이처럼 은퇴 연령이 빠른 반면 평균수명은 급속히 늘어나면서, 현재 우리나라의 50대는 앞으로 적어도 30년, 많으면 50년을 더 살아야 할 판이다. 이는 바꿔 말해 지금 다니는 직장을 나온 후 30년에서 50년 동안 생활할 돈이 필요하다는 의미다.

2012년 기준으로, 통계청에 따르면 국내 직장인의 평균 정년퇴임 연령은 53세다. 은퇴 싱글족에 해당하는 45~55세 사이 경제 활동 인구는 650만 명이다. 기대수명이 높아지다 보니 이들이 직업 세계를 떠나 있는 기간은 25~40년에 달한다.

따라서 재취업 없이는 도저히 생계를 꾸릴 수 없는 상황이다.

게다가 국민연금 혜택을 받을 수 있는 연령도 통상 60세가 지나야 한다. 그러니 50대 전후에 퇴직할 경우 빈곤층으로 추락할 가능성이 크다.

세대 중에서 40, 50대가 가장 힘들다. 왜냐하면 모아놓은 돈이 없기 때문이다. 나 역시 중년이지만 할 수만 있다면 지금 짊어지고 있는 현실의 짐을 내려놓고 어디론가 무작정 떠나고 싶다. 아니, 한 사흘만이라도 아무도 없는 곳에서 아무것도 안 하고 그저 조용히 쉬고 싶은 마음이 간절하다.

그러나 나에게 주어진 현실은 녹록치 않다. 내가 서 있는 중년이라는 위치는 돌아갈 수도 나아갈 수도 없는 진퇴양난의 지경임을 잘 알고 있다. 내가 무너지면 가정이 무너진다. 그러니 아무리 힘들고 고통스러워도 꿋꿋하게 참고 버텨내야 하는 것이다.

지인 가운데 초등학교 교사로 재직 중인 이가 있다. 그 역시 은퇴 시기가 얼마 남지 않아 날이 갈수록 시름이 깊어지고 있다. 은퇴 후 퇴직금으로 사업을 하자니 적잖이 부담되고, 그렇다고 마냥 쉬자니 자식들의 결혼 자금이 걱정되기 때문이다. 요즘 그는 동네에서 조그마한 카페를 개업할까 고민 중에 있다. 큰돈이 들지 않을뿐더러 카페 운영이 다른 사업에 비해 어렵지 않을 것이라는 생각 때문이다. 그는 이렇게 말했다.

"결혼을 앞둔 아들이 있어요. 그 녀석, 서울에 신혼집을 얻으려면 전세만 해도 1억 원이 훌쩍 넘는데 도무지 엄두가 나지 않아요. 그나마 교사라서 은퇴 후 연금이 나오긴 하지만 그 돈 가지고는 우리 부부 생활하기에도 부족해요."

젊었을 때는 몰랐지만 나이가 들고 보니 돈의 힘이 얼마나 무서운지 절실히 깨닫게 된다. 언제까지 일할 수 있을지도 모르는 상황에서 치솟는 물가, 감당하기 어려운 자녀교육비, 각종 스트레스와 질병에 대한 대책 마련에 돈보다 더 나은 수단이 없기 때문이다.

외롭고 고통스러워하는 중년 대부분은 모아놓은 돈이 없는 이들이다. 한편, 모아놓은 돈이 있어 여유로운 중년들은 그나마 현실에 대한 압박감이 덜하다. 오히려 대부분의 중년이 움츠러들며 신음하는 사이, 그들은 더욱 대접받고 존중받는다.

이 시대의 중년은 불쌍한 존재다. 아니, 억울한 존재다. 중년들은 힘든 가운데서도 키워주고 가르쳐준 부모 봉양에 대한 경제적 부담을 흔쾌히 받아들였다. 즉, 내 코가 석 자여도 부모 봉양은 당연시한 것이다. 그런데 지금의 중년들은 정작 자식들에게 봉양을 받을 수 있을까? 정말 의문이다. 실제 주위를 둘러보면 빈껍데기 신세로 전락한 부모들이 수없이 많다.

현실적으로 더 큰 문제는 지금 몸담고 있는 직장에서 어느덧 책상을 빼야 할 시점이 다가왔다는 점이다. 직장을 떠난 후의 노후 준비도 전혀 하지 못한 채 말이다. 게다가 갈수록 경제는 나아질 기미가 보이지 않는다. 저성장은커녕 제로성장으로 진입할 거라는 비관적 전망까지 가세하고 있다. 직장에 남아 있는 사람도 내보내는 판국에 몸값이 가장 비싼 중년들이 직장을 떠나 재취업을 하기란 낙타가 바늘구멍에 들어가는 것만큼이나 어려울 게 빤하다.

그렇다면 별다른 소득도 없이 적게는 30년, 많게는 50년을 어떻게 살아가야 할까? 학창 시절에 공부를 잘했을지라도 지금 가진 재산으로는 도저히 답이 나오지 않는다. 아무리 미래의 청사진을 그려봐도 깜깜한 동굴처럼 암울하기만 할 뿐이다.

02

살 수도 죽을 수도 없을 때, 마흔은 온다

"예전에는 아버지가 집안의 기둥이자 가장이었잖아요. 근데 요즘은 그저 돈이나 벌어 오는 기계로만 생각하는 것 같아요. 아내는 제가 바깥에서 얼마나 스트레스 받으며 일하고 있는지는 관심이 없어요. 오로지 승진이나 연봉 등 눈에 보이는 것에만 관심을 가집니다. 애들 역시 마찬가지구요. 얼마 전에 딸아이한테 아빠가 왜 좋으냐고 물으니까 '돈 벌어 오니까 좋다'고 하더군요. 아내와 아이들에게 저는 그저 돈 버는 기계에 불과한 것 같아 씁쓸합니다."

중소기업에 다니는 마흔 중반 남성의 말이다. 그의 말이 오늘날 마흔의 현주소를 그야말로 적나라하게 보여주는 것 같아 씁쓸하다. IMF 외환위기가 터지기 전만 해도 아버지는 집안의 명

실상부한 기둥이자 가장이었다. 그래서 함부로 예의 없이 굴거나 버릇없는 언행을 일삼을 존재도 아니었거니와 지금처럼 돈 벌어 오는 기계로 여겨지지도 않았다. 그때와 지금의 현실을 비교해보면 참으로 참담하기 그지없다. 그렇다고 이런 실정을 탓하며 하릴없이 목 놓아 울 수도 없다.

"아프니까 청춘이다"라는 말이 있다. 그런데 청춘은 아플 수라도 있어서 다행이지만 마흔은 아플 수도 없다. 아무리 힘들고 고통스럽고 외로워도 가슴으로 꾹꾹 눌러 참아야 한다. 그래서 마흔은 돌아갈 수도, 나아갈 수도 없는 진퇴양난의 시기다. 어딘가에 암울한 현실을 환하게 비춰줄 돌파구가 있지 않을까 두리번거리지만 그 어디에도 돌파구는 보이지 않는다.

공자는 나이 마흔을 '불혹'이라고 했다. 마흔이 되면 '어떤 상황에서도 갈팡질팡하거나 미혹되지 않는 마음의 상태'에 이른다는 의미다. 하지만 공자가 살던 시대와 지금의 시대는 판이하게 다르다. 당시는 지금처럼 생존경쟁이 치열하지 않았다. 그러나 지금은 어떤가? 하루가 다르게 변해가는 가운데 피 튀기는 경쟁이 매 순간 벌어지고 있다. 심지어 '사오정', '오륙도', '삼팔선' 따위의 심란한 신조어가 잊을 만하면 툭툭 튀어나와 불안감을 조성한다.

중학생 아들을 둔 지인은 늘어만 가는 사교육비 때문에 허리가 휘다 못해 끊어질 지경이라고 토로한다. 그는 매월 아이의 사교육비로 100만 원이 넘는 돈을 쓰고 있다. 이런 상황에서 저축이나 노후 대비는 사치가 아니고 무엇이겠는가.

그의 말이 가슴을 답답하게 한다.

"대학 가도 끝이 아니죠. 취직하려면 유학은 못 가더라도 해외연수는 갔다 와야 하고, 대학원도 기본이라는데, 참 막막하네요."

아이들이 대학 마칠 때까지 직장에서 잘리지 않는 것은 하늘의 별따기 만큼이나 어려운 미션이다. 요즘 대학 동창회나 크고 작은 모임 등 어디를 가더라도 '중년의 사춘기'가 화두다. 30대에는 그저 최선을 다해 살면 성과도 도출하고 승진도 되었지만 마흔에 접어들어서는 그게 쉽지 않다는 것을 잘 알기 때문이다.

마흔 고개를 지나고 있는 이들에게는 사춘기 때보다 더 거센 질풍노도가 찾아온다. 회사에선 후배들이 무서운 속도로 치고 올라오기 때문에 후배들에게 뒤처질까 봐 고군분투해야 한다. 더불어 경제적으로는 주택 대출금 상환에다 치솟는 자녀교육비로 허리가 휜다. 게다가 아내와의 살가운 대화는 언제가 마지막이었는지 기억조차 나지 않는다. 아이들은 아침 혹은 저녁에 잠깐 얼굴을 마주하는데, 마치 옆집 아저씨 보듯 한다.

이쯤 되면 '과연 나는 무엇을 위해 살았나?' 하는 회의감이 밀려온다. 그래서 이 나이대의 많은 남자가 인생의 공허감과 불안감과 소외감 등을 해소하기 위해 술과 여자 혹은 도박 등에 쉽게 빠진다. 이는 가정과 회사에서 소외당하니 밖에서라도 공감을 얻고 인정받으려는 심리에서 비롯된 것이다.

룸살롱 같은 단란한 술집의 아가씨들은 아내보다 더 살갑게 공감해주며 푸념이든 하소연이든 마다하지 않고 진지하게 들어 준다. 게다가 슬쩍슬쩍 스킨십까지 이어지니 외로움에 지친 마흔들에게 더할 나위 없는 안식처처럼 느껴진다.

40대들이 왜 이토록 방황하는지 좀 더 심층적으로 알아보자. 정신분석학자인 칼 구스타프 융은 중년을 '인생의 정오'에 빗대어 말했다. 마흔, 중년이 되면서 인간은 이전까지 외형적인 것에 치중했던 삶에서 벗어나 내면적인 부분, 즉 삶의 의미, 자신의 본질적인 모습, 자신의 욕구에 대해 자각하기 시작한다. 이전까지만 하더라도 겉으로 드러나는 성취를 위해 고군분투했지만 마흔 이후가 되면 '자아'를 찾는 데 힘을 쏟는다.

정신과 전문의 정혜신 박사는 이렇게 설명한다.

"남자들은 학력, 지위, 경력 등을 확보하거나 결혼해 안정적인 가정을 이루면 인생이 행복해질 것이라고 믿으며 살다가 막상 중년이 되어 그것을 어느 정도 이루었을 때, 자신이 꿈꾸던 것과는 다른 현실에 맞닥뜨리면서 비로소 자기 내면을 들여다보게 된다."

지인 중 A는 회사에서 부장으로 정년퇴직을 한 후 현재 그 회사의 경비원으로 재취업했다. 엊그제까지 상사였던 사람이 지금은 경비원으로서 출퇴근하는 후배 직원들에게 인사를 하고 있는 것이다. 물론 그러고 경비원으로 일하고 싶었겠는가? 하

위로받고 싶은 마흔 벼랑 끝에 꿈을 세워라

지만 그는 체면이나 자존심보다 일자리가 먼저였다고 한다. 아직 고등학생인 아들과 딸에게 한창 돈이 들어가는 상황에서 찬밥 더운밥 가릴 형편이 아니었다는 것이다.

그는 아침마다 거울 보는 일이 고역이라고 한다. 거울에 비치는 주름진 자신의 얼굴을 볼 때마다 서글픈 생각이 들기 때문이다. 누구보다 열심히 살았지만 지금 자신의 처지가 낙동강 오리알이나 다름없기 때문이다. 그래서 면도할 때만 거울을 볼 뿐 그 외에는 절대 거울을 보지 않는다. 그는 후배들에게 "나처럼 되지 말고 하루라도 빨리 노후 준비를 시작하라"는 충고를 아끼지 않는다.

S전자에서 과장으로 근무하는 P가 있다. 그는 자신의 심정을 헤아려주는 사람이 주변에 아무도 없다고 하소연했다.

"회사에서 개인적으로 소외감 같은 걸 많이 느낍니다. 그럴 때마다 '지금 내가 뭐하고 있지?' 하고 자문하게 되죠. 제 또래의 직장인들이라면 대부분 이런 생각을 하면서 회사를 다닐 겁니다. 저 역시 회사를 위해, 그리고 누구보다 잘살고 싶은 욕심에 열심히 살았습니다. 그런데 마흔이 되고부터 책임과 그에 따른 부담은 커지는데, 회사와 사회와 가정에서는 저를 인정해주지 않는 것 같아요. 그래서 저도 모르게 화가 납니다. 지금 제가 온갖 스트레스를 참아가며 일하고 있는 건 나 혼자 잘살자고 하는 게 아니잖아요? 가족을 비롯해 제 심정을 몰라주는 사람들에게 정말 화가 치밀어요."

그렇다. 나 혼자 잘살자고 입에 단내가 나고 허리가 끊어지도록 일하는 게 아니다. 오히려 나 혼자였다면 이렇게 아등바등 살지 않을 것이다. 지켜야 할 가족이 있기에 아무리 외롭고 힘들고 고통스러워도 참고 견디는 것이다. 가슴으로 울며 버티는 것이다.

오늘도 '정직한 마흔은 흔들리고 초라한 게 당연하다'며 나 자신을 달랜다. 하지만 나도 모르게 울컥하면서 눈물이 핑 돈다. 아무도 없는 곳에서 꺼이꺼이 목 놓아 울고 싶어진다. 내 마음 안에서 칼날 같은 겨울바람이 휘몰아치고 있다. 문득 어느 책에서 읽었던 글귀가 떠오른다.

'살 수도 죽을 수도 없을 때, 마흔은 온다.'

위로받고 싶은 마흔 벼랑 끝에 꿈을 세워라

03

아내의 말에서
슬픈 내 위치가 보인다

"퇴직하고 나니 아내나 아이들이나 저를 소 닭 보듯 합니다. 이제야 집에서의 제 위치가 보이네요."

"돈 벌어다 줄 때는 아내가 그렇게 살갑더니, 직장을 그만두고 나니까 마치 딴사람이 된 듯합니다. 나를 어린애 취급을 하지 않나, 입만 열었다 하면 잔소리가 이어집니다."

주위에 아무리 많은 스펙을 쌓아도 취업이 되지 않아 백수 신세로 지내는 청춘들을 심심찮게 볼 수 있다. 하지만 실업 문제는 비단 청춘들만의 문제가 아니다. 중년들은 직장을 나오면 아예 갈 곳이 없다. 청춘들이야 딸린 처자식이 없으니 그나마 낫다. 중년들은 책임져야 할 식구가 있기에 그들이 겪어야 할 고통은 이루 말할 수 없다. 안타깝게도 신문이나 방송에서는 청춘들의 취업 문제로 연일 시끄러운데, 그런 분위기에 눌려 아무 말도 못 하고 그저 한숨만 지으며 가슴앓이를 하는 중년들이 정말 너무나 많다.

마흔 문턱을 넘어선 중년들에게 가장 무서운 단어가 있다. 바로 '사오정'이다. 중년 실업을 말하는 것으로, 45세 정년이라는 의미다. 보통 40~50대는 경륜이 쌓여 인생에서 가장 왕성한 활동을 펼칠 절정의 시기다. 그러나 이 시기에 책상 뺄 준비를 해야 하는 것이 요즘 현실이다. 그렇다고 마땅히 갈 곳이 있는 것도 아니다. 그래서 이 시대의 중년들은 마치 언제 깨질지 모르는 살얼음판을 걷는 기분으로 하루하루를 산다.

아직 몇 년 더 직장생활을 할 수 있는 사람도 마음이 편한 것은 아니다. 몇 년 안 남은 직장에서의 앞날을 생각하면 정년은 늘 불안하다. 언제든지 구조조정의 대상이 될 수 있다는 생각에 밤잠을 설치기도 한다. 그렇다고 퇴직 후의 생활이 보장되어 있는 것도 아니기에 가슴이 바짝바짝 타들어간다. 더욱이 40, 50대의 시기는 자녀의 대학교육이나 결혼 등으로 한창 돈이 들어가는 때다. 이때 직장의 울타리 밖으로 내팽개쳐진다면 그나마 단란했던 가정은 풍비박산이 날 수도 있다.

2년 전 대기업에서 퇴직한 K가 있다. 그는 회사를 그만두기 전까지는 각종 모임에 아내와 함께 나가 부부애를 과시하며 남 부럽지 않은 모습을 보여주었다. 하지만 그가 퇴직한 후 아내와의 사이가 소원해졌다. 아내는 종종 승진하거나 연봉이 오른 친구들의 남편 얘기를 듣자면 마음이 몹시 불편해졌다. 그 불쾌감이 언젠가부터 잔소리가 되어 남편의 귓가를 떠날 줄 몰랐다.

그는 평생 가족을 위해 뼈 빠지게 일했는데 퇴직했다고 자신을 무시하는 아내가 너무나 원망스러웠다. 그는 이렇게 심경을 토로했다.

"그동안 내가 어떻게 살았는데…… 아내가 나를 무시하는 걸 더 이상 참을 수 없습니다. 지금부터라도 마음 편하게 나 자신을 위해 살아야겠다는 생각이 듭니다. 그래서 요즘 진지하게 이혼을 고민하고 있습니다."

K를 가장 힘들게 하는 것은 아내의 비수 꽂힌 말들이다. 물론 아내는 제일 돈이 많이 들어가야 할 시기에 돈을 벌지 못하는 남편이 원망스러울 수도 있다. 하지만 그렇다고 자신이 퍼부은 말, 남편의 자존심에 상처를 입히는 그런 말이 그 즉시 상황을 좋게 만들 리는 만무하다. 오히려 그동안 가정을 위해 노력했던 남편의 헌신을 헌신짝으로 만들며 깊은 절망의 수렁으로 남편을 내몰 뿐이다. K는 가족에게 자신은 그저 돈 버는 기계에 지나지 않았다며 고개를 떨구었다.

최근 한 기업체가 국내 40대 직장인 가장을 대상으로 실시한 설문조사가 주목을 끈 바 있다. 우리나라 40대 가장들이 가정 내 갈등 상대 1순위로 아내(31.7%)를 꼽았기 때문이다. 다음은 자녀(22.9%), 부모(11.8%), 처가(4.1%) 순이다. 특히 아내에게 가장 섭섭할 때는 '무시하거나 구박할 때(30.8%)', '무관심할 때(19%)' 등의 순이었다.

그런데 흥미로운 대목이 있다. 아내에게 남기고 싶은 유언을 묻는 항목인데, 가장 많이 한 응답이 '미안하다(17.2%)'는 것이었다. '사랑한다'는 답변은 16.3퍼센트에 그쳤다. 가장들이 유언으로 아내에게 "사랑한다"는 말보다 "미안하다"는 말을 많이 한다는 것은 그만큼 가정을 생각한다는 의미다. 정말 남부럽지 않게 아이들을 잘 키우고 아내에게도 잘해주고 싶었지만 그럴 수 없기에 가지는 마음이다.

그래서 나는 이 시대를 사는 중년들이 정말이지 안타까운 존재라고 생각한다. 이처럼 가정적인 그들임에도 불구하고 퇴직후 가정에서의 위치가 한순간에 곤두박질치기 때문이다.

40대라면 대부분 결혼생활을 10년 이상 해왔고, 자녀도 두었으리라. 직장에서도 일반적으로 과장 또는 부장 자리에 올라 책임이 막중할 시기다. 이들은 소위 '샌드위치' 신세로 직장에서나 가정에서나 위아래 눈치 보기 바쁘다. 40대의 돌연사가 가장 많은 이유도 이런 상황과 맞물려 있다. 지구촌에서 유독 한국의 40대 사망률은 눈에 띄게 높다.

진화생물학자 최재천 이화여자대학교 교수는 저서 『여성시대에는 남자도 화장을 한다』에서 이렇게 한탄했다.

'대한민국이라는 집단이 세계 10위권 경제대국의 위치를 지키기 위해 그야말로 발악을 하는 동안 구성원들의 삶의 질은 목적 달성을 위한 소모품 신세를 면하지 못했다. 근대화의 급물살 속에 우리 사회는 어느새 구성원 한 사람 한 사람의 삶이 중요한 것이 아니라, 한동안 써먹다가 효용가치가 떨어지면 가차 없이 버리고 새로 만들어 쓰는 부품들의 사회가 돼버렸다.'

이들이 가장 고통스러워하는 것 중 하나는 퇴직 후 가정에서 소외감에 시달리는 것이다. 회사의 구조조정으로 일순간 실업자가 된 한 지인은 이렇게 토로했다.

"강아지보다도 못한 처지야. 아내의 말에 슬픈 내 위치가 보인다!"

그는 요즘 아침에 집을 나서서 이곳저곳 하릴없이 돌아다니다 늦은 저녁에야 귀가한다. 아내 눈치를 조금이라도 덜 보기 위해서다. 이는 40대 가장이라면 누구나 공감할 만한 이야기다.

밥벌이를 못하는 순간부터 고통은 외부가 아닌 내부에서 생겨난다. 통계청에 따르면 40대 이혼율이 전 연령층에서 가장 높은 것으로 조사되었다고 한다. 지난해 이혼한 사람 중 40~44세 남성이 22,200건이나 된다.

40대에서 이혼율이 높은 원인에 대해 정신과 전문의 정찬호 박사는 이렇게 말했다.

"남편과 아내가 직장 업무로 인한 피로감 등으로 대화가 줄어든 데다 아이 양육이나 교육 문제로 의견 충돌까지 더해지면서 갈등의 골이 깊어지는 경우가 많다. 40대 부부 중에는 법적 절차까지는 밟지 않더라도 이미 정서적으로 이혼 상태에 놓여 있는 경우가 상당수다."

중년들에게 가장 큰 고통은 재취업이 안 된다는 것이다. 재취업은 고사하고 한창 일할 나이에 거리로 내몰린 나머지 퇴직의 후유증으로 건강과 활력을 잃기도 한다. 게다가 가정까지 무너지는 위기도 맞는다.

2년 전에 다니던 직장을 그만둔 전직 공무원 G가 있다. 그는 퇴직 후 사업마저 실패하면서 오갈 데 없는 신세가 되었다. 급기야 아내와의 불화로 신경쇠약에 시달리기까지 했다. 그동안 여러 차례 이혼 위기를 맞는 등 우여곡절을 겪은 끝에, 얼마 전 지인의 도움으로 작은 규모의 회사에 재취업하게 되었다.

요즘 그의 얼굴에는 화사한 꽃이 피었다. 그 이유는 아내의 태도가 달라졌기 때문이다.

"예전에 다니던 직장에 비해 비록 월급도 적고 일도 힘들지만 그래도 웃는 아내의 모습을 볼 수 있어 그나마 다행입니다. 만일 제가 아직도 놀고 있다면…… 어휴! 생각만 해도 정말 끔찍합니다."

G는 그나마 행복한 사람이다. 직장의 처우조건을 떠나 가정을 책임질 밥벌이를 할 수 있기 때문이다. 아침에 갈 곳이 있다는 것은 내 능력을 인정받고 있다는 뜻이다. 가정에서 가장으로서의 권위를 잃지 않았다는 뜻이다. 가장에게 능력은 목숨과 같은 의미를 가진다. 따라서 능력을 잃은 가장들이 좌절하고 절망하고 우울해하는 것은 어쩌면 당연한 일인지 모른다.

요즘 들어 절실하게 느끼는 것 하나가 있다. 인생을 산다는 건 사는 게 아니라 견디는 일이라는 사실이다. 그래서 서글프다 못해 너무나 외롭다는 생각이 사무치게 든다. 무엇보다 가시 돋친 아내의 말에서 지인의 말처럼 정말 슬픈 내 위치가 보인다.

04

나이 든 남자에게 필요한
다섯 가지

"불혹의 나이가 아니다. 부록(附錄)의 나이다."

40대 직장인 K의 고백이다. 그는 직장생활 10년이 넘도록 한눈팔지 않고 앞만 보고 달렸다. 그 결과 남들보다 빨리 승진을 거듭해서 위치도 상당히 잡혔다. 하지만 갈수록 마음 한구석에선 여전히 무언가 부족하다는 생각이 든다. 그는 이렇게 말했다.

"나는 없고 가족만 남은 기분입니다."

K를 비롯한 대부분의 마흔은 회사에는 충성을 바치고, 가정에는 헌신했던 사람들이다. 그들이 제일 소중하게 여기는 것은 다름 아닌 '가족'이다. 그런데 안타깝게도 마흔의 가장 대부분은 아내와의 관계는 물론이고 자녀와의 소통에서도 많은 어려

움을 겪는다. 안팎으로 힘든 상황에서 주로 자녀와의 관계, 대화 단절, 교육의 문제 등이 가세하여 스트레스를 가중시킨다.

대기업에서 영업부장으로 있는 Y가 있다. 그는 남들과 달리 자신은 자녀와 소통하며 지낸다는 확신이 있었기에 나름대로 가정을 성공적으로 일구어왔다는 자부심을 가지고 있었다. 그런데 어느 날 우연히 중학생 아들의 일기를 보고는 큰 충격에 빠졌다. 일기장에는 아빠에 대한 입에 담기 힘든 욕설이 가득했기 때문이다. 그는 몇 주가 지난 지금도 그때의 충격이 가시지 않는다고 말했다.

40대는 사회적으로 가장 왕성하게 활동하는 나이이기도 하지만 동시에 밑에서 치고 올라오는 후배들의 눈치도 봐야 하는 나이다. 그래서 그 어느 연령층보다 힘들다 못해 고통스럽다. 몸은 예전보다 못한 데 반해 갈수록 회사에서 요구하는 업무 능력은 높아진다. 자칫 실수라도 하면 내년을 기약할 수 없다. 특히 매년 12월이면 가슴을 졸인다. 졸이다 못해 바짝 태워버린다.

'이번에는 승진할 수 있을까? 혹시 희망퇴직 권고가 나오는 건 아니겠지?'

이런 생각으로 하루하루 살얼음판을 걷는다. 그런데 이런 심정을 정작 그 누구에게도 털어놓지 못한다. 결혼식장에서 검은 머리가 파뿌리 될 때까지 서로 아끼고 사랑하며 살자던 맹세는 이미 유효기간이 지난 지 오래다. 그래서 아내한테도 속마음을 마음놓고 내비치지 못한다. 행여 아내에게서 무능한 가장이라는 소리를 들을까 두렵기 때문이다. 그러니 그저 속으로 삼킬 수밖에…….

거듭 말하지만 아직 밥벌이를 할 수 있는 마흔은 그나마 행복하다. 내 주위에는 일시불로 받은 퇴직금이 거의 바닥 났거나 친구의 꼬임에 넘어가 빚까지 진 사람이 있다. 이미 회사를 그만둔 지 수년째, 그동안 많은 직업을 두루 거쳤지만 지금까지도 자리를 잡지 못한 사람도 있다. 그들은 아침이면 '오늘은 또 어디에서 시간을 때울까?' 하는 고민으로 하루를 시작한다. 아침마다 나갈 직장이 있다는 것은 그들에겐 그야말로 부러움의 대상이다.

그들의 어깨에는 '가장'이라는 완장이 채워져 있다. 그래서 아무리 삶이 서글프고 힘들다 못해 고통스러워도 쉽게 삶을 포기하지 못한다. 처자식을 먹여 살리기 위해 아무 데나 들어가 무슨 일이든 열심히 하려고 한다. 그러나 현실은 그마저도 쉽게 허락하지 않는다. 더구나 그놈의 나이에 걸려 어디서도 선뜻 써주지 않는다. 그래서 "아플 수도 없는 마흔이다", "마지못해 산다"는 말이 나오는 것이다.

마흔을 사는 사람 대부분은 어깨를 짓누르고 있는 현실의 무게가 무겁지만 딱히 돌파구가 없기에 늘 조마조마해하며 새가슴으로 살아간다. 앞서 말했듯 회사에서는 상사와 부하 눈치 보랴, 집에선 아내와 아이들 눈치 보랴, 스트레스가 이만저만이 아니다. 하지만 그 어떤 내색도 할 수 없다. 아내와 아이들에게서 어떤 비수가 부메랑으로 올지 알 수 없기 때문이다.

　중소기업의 임원으로 있는 S는 요즘 혼자서 운전을 할 수가 없다. 집과 회사를 오가려면 올림픽대로를 타야 하지만 그럴 수 없다. 그곳만 올라서면 사고가 날 것 같은 극심한 두려움이 몰려오기 때문이다. 다른 도로는 괜찮겠지 하며 우회도로를 이용해보려 했지만 마찬가지였다. 나아질 기미는 보이지 않고 공포심은 더 심해졌다. 결국 그는 지하철을 타고 다니고 있다.

　대기업에서 임원 승진을 앞두고 있는 P는 몇 달 전부터 업무를 한참 보고 있노라면 심장이 빨리 뛰는 걸 느끼곤 한다. 얼마 전부터는 뒷골도 당기고 숨이 차는 증상도 나타났다. 증상은 20~30여 분간 계속되었다. 그는 요즘 중년들 사이에 스트레스로 인해 급사하는 사람들이 늘고 있다는 뉴스를 접하고는 자신도 이러다 곧 죽는 게 아닐까 싶어 근처 대학병원 응급실을 찾았다. 검사 결과 아무런 이상이 없었다.

　그러나 그는 지금도 같은 증상에 시달리고 있다. 현재 임원 승진을 앞둔 시점이지만 업무에 대한 의욕을 잃었다. 이렇게 회사를 다니다가는 돌연사할지도 모른다는 두려움이 앞선다. 요즘 그는 회사를 그만두는 문제로 고민하고 있다.

　중년들 가운데 스트레스 없이 사는 사람은 극소수에 불과하다. 아니, 거의 없다. 스트레스를 참고 또 참으면 억눌린 감정은 병이 된다. 얼마 전 텔레비전의 한 건강 관련 프로그램에서 월요일에 심장마비가 자주 일어나는 이유를 다루었는데, 공감 가는 부분이 많았다. 전문가는 흔히 '월요병'이라고 말하는 것을 그 요인으로 꼽았다. 머릿속에 '월요일엔 일해야 한다'는 생각이 꽉 들어차 머리가 무겁게 느껴지면서 증세가 시작된다는 것이다. 그래서 요즘 이렇게 월요일에 스트레스를 받아 갑자기 심장혈관이 막혀 응급 시술을 받는 사례가 급증하고 있단다.

내 고등학교 동창은 새벽에 심한 흉통이 발생해 응급실을 찾았다. 그는 가슴 중간이 터져나갈 듯한 뻐근한 통증을 느껴 몹시 괴로웠다고 한다. 결국 흉통은 응급실 도착 후 모르핀 주사를 맞고서야 잦아들었다.

40~50대에 가장 많이 찾아오는 위험성 질병이 바로 뇌졸중과 심장마비다. 이 질병들의 대표적인 발병 원인으로, 전문가들은 스트레스를 꼽는다. 대부분의 중년 남성은 가정이나 직장에서 자신의 감정을 잘 드러내지 않는다. 괜히 감정을 드러냈다가 무능력자라는 약점을 잡히거나 불리한 상황을 유발시키지 않을까 하는 걱정 때문이다. 그 결과 스트레스가 화가 되고 급기야 병이 되는 것이다.

마흔 고개를 지나는 사람 대부분은 갈수록 직장과 가정에서 입지가 줄어들기에 위기감을 느낀다. 오죽했으면 중년 남성들이 술자리에서 자주 하는 우스갯소리 중에 '나이 들면서 필요해진 다섯 가지'가 회자될까.

나이 든 남자에게 필요한 다섯 가지는 마누라, 아내, 애들 엄마, 집사람, 와이프다. 반면 나이 든 여자에게 필요한 다섯 가지는 딸, 돈, 건강, 친구, 찜질방이다.

아내에게 필요한 다섯 가지 중 그 어디에도 남편은 없다. 이것이 동시대를 살아가는 중년 남자들의 현주소다.

내 주변에 직장을 그만둔 뒤 천덕꾸러기로 전락한 가장들이 몇 있다. 친구들 중에도 몇 있는데 Y의 아내는 남편만 보면 화가 치민다고 말한다. 이유인즉, 퇴직한 남편이 집 안에 들어앉아 이래라 저래라 하루가 멀다 하고 해대는 잔소리 때문에 살수가 없다는 것이다.

H의 아내 역시 같은 고민을 토로한다.

"퇴직한 남편이 집안일에 자꾸 간섭을 해요. 게다가 어디 외출이라도 하려고 하면 밥 안 주고 어딜 가냐며 시비를 거는데, 미치겠어요. 정말 스트레스가 이만저만이 아니에요."

결국 병원에서 우울증 진단을 받았고 요즘 그들 부부는 서로에게 목소리를 높여가며 '잃어버린 30년'을 외치고 있다.

여자들은 힘든 일이 있을 때 여자 형제나 친구들을 만나 고민을 털어놓으며 스트레스를 해소한다. 하지만 남자들은 감추며 속으로 삼킨다. 소통의 통로가 거의 없기 때문에 스트레스가 쌓이고 쌓여 병이 된다.

여자는 경제력이 없어진 뒤에도 여전히 당당하게 살 수 있다.

반면 남자는 경제력이 없어지는 순간 그야말로 아무도 쳐다보지 않는 끈 떨어진 연 신세가 된다. 때문에 전문가들은 하나같이 중년 남성이 이혼 위기에서 벗어나려면 평소 아내, 아이들과 대화를 자주 하고 함께하는 시간을 많이 가져야 한다고 조언한다. 미리 아내와 아이들 사이에 끈끈한 애정과 신뢰를 쌓아야 한다는 것이다. 하지만 그게 어디 말처럼 쉬운 일인가?

새가슴이 되어 쪼그라드는 마흔, 오늘도 가슴 중간이 터져나갈 듯이 뻐근하다. 하지만 그 어디에도 가슴을 열어놓고 호소할 데가 없어 답답할 뿐이다. 할 수만 있다면 가슴을 정말 시원하게 뚫고 싶은 게 마흔이다.

05

지금부터 10년,
회사의 배반이 시작된다

"우리 회사는 지금 끄떡없어. 월급도 잘 나오고……."

"지금 하는 일 열심히 하면 좋은 날이 오겠지, 뭐."

"최선을 다하면 언젠가 회사가 알아주겠지."

대부분의 직장인은 자신을 지금 다니는 회사의 특별회원쯤으로 착각한다. 그래서 자신이 회사를 배반하지 않는 한 회사는 언제까지나 자신을 내치지 않을 거라고 믿는다. 정말 그럴까? 그렇다고 확신한다면 내일부터 사흘 정도 무단결근을 해보라. 그러면 과연 어떤 일이 벌어질까? 두 가지 예를 들어보겠다.

① "당신이 없으면 회사가 돌아가지 않는다"며 출근을 종용한다.

② "쉬는 김에 푹 쉬어라" 하는 말을 듣는다.

41

회사에서 어느 만큼 가치를 가지고 있느냐에 따라 다르겠지만, 대개 "당신 같은 책임감 없는 사람은 필요 없으니 앞으로 회사에 나오지 말라"는 통보를 받을 것이다. 취업에 목매는 구직자가 수없이 많은 상황이니, 그 어떤 회사도 한 직원에게 그토록 매달리지는 않는다. 오히려 "굿바이!" 하며 '해고 인사'를 건네는 게 일반적이다.

중소기업 부장으로 있는 P에게 사람들은 자식들도 거의 다 컸겠다, 무슨 걱정이 있냐고 한다. 그러나 그들 생각과 달리 P 스스로는 삶의 질이 썩 만족스럽지 못하다. 노안 탓에 잠시 책을 들여다보자면 눈이 침침해진다. 때때로 옷 속에 붙어 있는 영어 상표를 읽지 못할 때가 있다. 대학생 딸에게 물어보지만 딸아이는 귀찮아하며 짜증만 낸다. 그럴 때마다 그는 외로운 자신의 처지를 실감하곤 한다.

"내 인생을 다 바친 자식에게 배반당한 느낌이 듭니다. 더구나 내일모레면 오십인데, 내 인생도 다 갔구나 하는 생각에 잠기면 더 우울해지죠. 지금까지 살아온 내 인생이 아무것도 아니었다는 느낌이 들지요."

자식의 배반만큼이나 큰 상처를 주는 것이 바로 오랜 시간 열정과 시간을 바쳐 공들인 회사의 배반이다. 필요할 땐 단물 쏙 빼먹고선 투입 대비 생산량이 떨어진다고 판단되는 순간 가차 없이 내친다. 그동안 회사에 헌신하느라 수고했다는 말 한마디조차 없다. 많은 이가 회사를 나온 후 더 괴로워하는 이유는 나의 가치와 헌신을 몰라주는 그런 회사에 내 모든 것을 다 바쳤다는 게 억울해서다.

"이렇게 소모품 취급이나 당하려고 그동안 죽어라 일하지는 않았습니다. 지금 당장 내 가치를 몰라줘도 언젠가 알아주겠지, 하고 묵묵히 일했던 겁니다. 그런데 하루아침에 나가라는 해고 통보를 받으니 눈앞이 캄캄해졌고, 가슴속에서 분노가 치미는 것을 억제할 수 없습니다. 나를 버린 회사보다 더 화가 나는 것은 바로 나 자신이었습니다. 언제까지나 회사가 나를 지켜줄 거라고 믿었던 내가 바보였던 거죠."

마흔 중반의 K는 10년간 잘 다니던 회사에서 느닷없이 해고 통지를 받았다. 그것도 해고 하루 전날 말이다. 그는 해고된 후 택시 운전을 시작했다. 시간이 많이 흘렀지만 여전히 그는 택시 운전 중에도 문득문득 화가 치민다. 회사에 다니는 동안 휴가 한번 제대로 가보지 못했을 정도로 열심히 일한 자신을 소모품 취급한 회사가 너무나 원망스럽기 때문이다. 회사를 나온 후 그는 몇 달 간 술독에 빠져 있다시피 했다. 하지만 자신만 바라보고 있는 처자식을 놓고 마냥 그러고 있을 수만은 없었다. 그는 하는 수 없이 여기저기 일자리를 찾아 헤맸다. 그러나 딱히 받아주는 데가 없었다. 결국 그가 마지막에야 선택한 것이 택시 운전이었다.

택시 운전의 특성상 출근 시간과 퇴근 시간은 들쭉날쭉 명확

하지 않았다. 그러다 보니 몸이 많이 망가졌고 아프지 않은 곳이 없었다. 며칠 푹 쉬면서 물리치료라도 받고 싶었지만 그게 또 마음처럼 쉽지 않았다. 하루라도 일을 하지 않으면 당장 내일의 생계가 막막해질 것이기 때문이다.

K는 가족에게 아픈 내색을 절대로 보이지 않은 채 오늘도 택시 운전을 하고 있다. 그를 가장 힘들게 하는 것은 직장생활 때와 완전 다르게 자신을 대하는 주위 사람들의 태도다.

대학 동창 K가 있다. 지금처럼 '마흔 이모작' 바람이 불기 전인 2008년 초, 그는 잘 다니던 대기업을 나왔다. 대기업 계열사 영업부에서 근무하던 그는 어느 순간부터 직장생활에 회의가 들기 시작했다.

'외국어는 기본이고 이런저런 스펙들을 두루 갖춘 후배들이 밑에서 치고 올라오는데, 이 회사에서 내가 언제까지 버틸 수 있을까?'

그 무렵, 동종 업계의 지인이 공동 창업을 제안해 왔다. 그는 기회다 싶어 퇴직금에다 대출까지 받아 지인과 함께 회사를 시작했다. 직장생활을 통해 구축한 인맥을 동원해 안정적인 거래처도 몇 군데 확보했다.

1년 정도는 그럭저럭 괜찮았다. 그러나 대기업이라는 든든한 백그라운드가 있는 것과 없는 것의 차이는 컸다. 대기업에 있을 때는 그 회사의 브랜드만으로도 새 거래처를 쉽게 뚫을 수 있었다. 하지만 대기업 타이틀을 뗀 뒤의 신규 거래처 확보는 너무나 어려웠다. 갈수록 회사 경영이 어려워졌고, 적자는 눈덩이처럼 불어났다. 급기야 회사 경영방식 문제를 놓고 지인과 불화가 생겼고, 결국 1년 반 만에 회사를 접었다. 투자금은커녕 빚만 고스란히 떠안은 채 말이다.

그는 하루가 멀다 찾아오는 빚쟁이들의 협박에 결국 아내와도 이혼을 했다. 아이의 양육권도 넘겨준 채 말이다. 현재 그는 원룸을 거처로 막노동을 하면서 하루 벌어 하루 먹고사는 형편에 있다.

대기업 직장인 G는 마흔을 넘겨 늦깎이 결혼을 했다. 아이가 이제 갓 돌을 넘겼으니, 그가 환갑을 맞이하면 그제야 아이는 고등학생이 된다. 사람들은 대기업에 다니는 그를 부러워한다. 하지만 그 역시 중년의 가장들과 똑같은 고민을 안고 있다. 얼마 전부터 사내에 회사가 명예퇴직을 실시할 거라는 소문이 나돌고 있다.

"남들은 대기업에 다니고 있는 저를 부러워합니다. 하지만 대기업이라고 해서 마냥 다닐 수 있는 데가 아니잖아요? 파리 목숨인 거, 여느 회사랑 똑같습니다. 요즘 들어 부쩍 퇴직 이후가 많이 걱정됩니다. 아이 교육비도 그렇고, 우리 부부는 또 무엇으로 먹고살아야 할지……."

그는 말끝을 흐린다. 그 역시 딱히 노후 대책을 준비해놓은 게 없다. 재테크하겠다고 마련한 아파트, 그 대출금도 2억에 이른다. 외벌이를 하고 있는 그는 치솟는 물가로 인해 생활비에 이자 내기도 버겁다고 말한다.

"빠듯한 월급으로 먹고살기도 바쁜데, 경기마저 좋지 않아 회사 분위기까지 살벌해요. 노후는커녕 당장 언제 잘릴지 몰라 전전긍긍하고 있습니다."

이는 비단 G만의 문제가 아니다. 동시대를 사는 중년 가장이라면 누구나 안고 있는 고민이자 고통이다.

직장인이라면 회사가 언제까지나 나를 지켜줄 것이라는 환상에서 벗어나야 한다. 그런 환상은 가까운 미래에 공포로 다가올 것이기 때문이다. 회사는 봉사단체가 아니다. 철저한 이윤 추구를 목적으로 하는 냉혈의 조직임을 잊어선 안 된다. 따라서 훗날 비참한 노후를 맞이하지 않으려면 지금 당장 특단의 조치를 취해야 한다. 특단의 조치라는 게 사람마다 다르겠지만 그 실행 적기는 밥벌이를 하고 있는 바로 지금이다.

나는 직장인을 대상으로 강연할 때 입버릇처럼 말한다.

"지금부터 짧으면 5년, 늦어도 10년 내에 회사의 배반이 시작됩니다. 지금 스스로에게 물어보십시오. 어느 날 갑자기 회사에게 배반당할 것인가, 아니면 배반당하기 전에 더 나은 인생을 위해 사람들이 박수칠 때 자발적으로 떠날 것인가를 말입니다."

그렇다. 회사는 내가 세운 조직이 아니다. 따라서 언제든 짐쌀 준비를 해야 한다. 양복 안주머니에 사표를 품고 다녀야 한다는 말이다. 지금부터 10년 안에 회사가 당신을 배반한다는 가정하에 직장생활을 해야 한다. 회사가 배반한 순간, 땅을 치고 후회해봐야 돌이킬 수 없다.

당신의 회사는 늘 당신의 일거수일투족을 감시하며 언제든 당신을 쫓아낼 음모를 꾸미고 있다는 사실을 기억해야 한다. 어쩌면 당신을 향한 회사의 음모가 이미 시작되었는지도 모른다.

▌06
희망이 안 보인다는 것,
그게 가장 견디기 힘들다

　앞서 언급했듯 공자는, 마흔에는 절대 흔들리지 않아야 한다고 말했다. 하지만 이는 오늘날을 살아가는 데 결코 쉬운 일이 아니다. 주변을 둘러보라. 지금 삶의 터전은 총칼 없는 전쟁터다. 중년을 지나고 있는 이라면 그 누구도 미혹(迷惑)되지 않고선 좀체 견딜 도리가 없다.

　중년의 현실은 무엇에 홀려 정신을 차리지 못하는 '미혹'의 세계다. 그래서 한 치 앞도 분간이 안 되는 캄캄한 현실 속에서 외도하는 이가 많은 것이다. 그들에게 지금 같은 절박한 순간에 왜 딴짓을 하냐고 물어보면 이렇게 토로한다.

　"희망이 안 보인다는 거, 그게 견디기 힘들어서 이렇게라도 하지 않으면 죽을 것 같았다."

희망이 안 보인다는 것보다 더 견디기 힘든 것은 없다. 희망이 안 보인다는 것은 어떻게도 할 수 없는 절망적인 상황이다. 이정표도 길도 없는 허허벌판에 홀로 방치된 것이나 다름없다. 생각만 해도 숨이 턱 막히는 끔찍한 상황이다.

대부분 마흔을 지나면 '마흔앓이'를 경험한다. 그들이 힘들어하고 고통스러워하는 이유는 가뜩이나 팍팍한 살림에 자녀교육비 부담까지 가세하기 때문이다. 여기에 언제 회사에서 나와야 할지 모르기 때문에 매일 가시방석에 앉아 있는 기분을 갖고 산다.

동네에서 마트를 운영하는 H가 있다. 두 아이를 둔 전형적인 4인 가구의 가장이지만 13년이 넘도록 25평 규모의 아파트 전세 신세를 벗어나지 못하고 있다. 한 대형마트에서 근무하던 그는 아이들이 자라면서 돈 들어가야 할 곳이 늘어나자 더 많은 돈을 벌어야겠다는 생각으로 5년 전 직접 마트를 차렸다. 그는 그때 최고한도로 대출을 받아서 마트를 열었다. 열심히 일하며 꾸려가자면 충분히 갚을 수 있다고 생각했다.

그러나 대형마트와 기업형 슈퍼마켓(super supermarket)의 피 튀기는 경쟁 탓에 돈벌이는 월급쟁이 시절보다 오히려 못했다. 보다 못한 아내는 중학교 1학년과 3학년인 두 아이의 교육비 마련을 위해 인근 대형마트에 주부사원으로 취직했다.

H는 이렇게 하소연한다.

"맞벌이해봐야 애들 학원비에다 대출금 이자 갚기도 빠듯합니다. 내 집 마련은 꿈도 못 꾸고 있고, 마이너스 통장이라도 빨리 갚았으면 소원이 없겠어요."

외국계 정보기술(IT) 회사에 근무하는 후배가 있다. 그는 다니던 직장을 그만두고 한동안 좌절과 방황을 거듭하다가 전직한 케이스다. 그가 회사를 그만둔 때는 마흔의 아홉수를 못 넘긴 2012년 5월이었다. 어느 날부턴가 이유 없이 몸 여기저기가 아파왔다. 처음에는 며칠 지나면 낫겠지, 하고 생각했는데 갈수록 통증이 심해졌다. 병가를 내고 쉴 당시 그가 쓴 일기의 한 대목은 이랬다.

'오늘도 통증은 사라지지 않고 계속된다. 아니 더 심해지는 것 같다. 병원에선 아무 이상이 없다고 하는데……. 곰곰이 원인을 따져보니 그동안 업무 압박의 스트레스를 제대로 발산하지 못한 탓이라는 생각이 든다. 하지만 몸이 아파도 아내에게나 그 누구한테 아프다고 말할 수도 없다. 아내에게 괜한 걱정을 끼치기도 싫고 회사에서는 무능력자에다 몸까지 부실한 구성원이라는 소리라도 들을까 봐 두렵기 때문이다. 아, 이런 싸구려 자존심을 가진 나 자신이 너무나 싫다. 내 인생은 언제 꽃이 피려나……."

그는 고민을 거듭하다가 사직서를 냈다. 몇 달간 방황하다가 지금은 비영리재단에 들어가 기획과 홍보 일을 맡고 있다. 장애인재활병원을 지원하는 업무였다. 고된 업무였지만 그는 처음으로 일을 통해 성취감과 보람이라는 것을 느낄 수 있었다. 하루하루가 활기차고 마음이 즐거워지자 자연스레 건강도 회복되었다.

그러나 마음의 여유도 잠시였다. 곧 고등학생이 되는 아들을 볼 때마다 자신이 원하는 것만 하며 살 수 없다는 생각이 자꾸 들었다. 그리고 3년, 5년, 10년 후 과연 그때 무엇을 하고 있을까, 어떤 모습일까, 하고 자문하기 바빴다. 그렇다고 선뜻 답이 떠오르는 것도 아니었다.

그는 결국 사직서를 냈던 회사에 다시 들어갔다. 월급은 장애인재활병원에 비해 훨씬 많아졌지만 마음은 무겁기만 하다. 사라졌던 통증이 얼마 전부터 다시 도졌다. 그는 언제 깨질지 모르는 살얼음판을 걷는 심정으로 하루하루를 살아가고 있다. 무엇보다 언제까지 이 일을 하며 그렇게 견딜 수 있을지 걱정이 앞선다.

또 다른 직장인 H는 한 달에 저축하는 돈이 고작 30만 원에 불과하다. 외벌이인 그는 한 달에 아파트 대출금 이자로 100만 원, 두 자녀 학원비로 100만 원가량을 쓴다. 저축형 보험에 월 30만 원을 넣기 시작한 지도 1년이 채 되지 않았다.

그는 이렇게 푸념한다.

"금융사에선 노후 대비를 제대로 하려면 월 적립금을 더 늘려야 한다지만 도저히 여력이 없어요. 그렇다고 남들 다 보내는 학원에 애들 안 보낼 수는 없잖아요?"

중년 가장을 가장 힘들게 하는 것은 한창 돈 들어가야 할 시기에 회사를 나와야 한다는 것이다. 지금 아무리 힘들어도 정년 퇴직까지 안정적으로 회사를 다닐 수 있다면 마음이 무겁거나 고통스럽지는 않을 것이다. 기댈 언덕이라도 있기 때문이다. 하지만 밥벌이를 할 수 있는 언덕이 곧 사라진다는 생각에 밤잠을 설치는가 하면 우울증을 앓기도 한다.

지인들을 만나보면 하나같이 자녀교육비 때문에 힘들어했다. 한 통계에 의하면 중년들은 월평균 가계 지출 중 14.8퍼센트를 자녀교육비로 쓰고 있었다. 양육비까지 합치면 월 지출의 20.8퍼센트를 자녀에게 쏟는다는 것이다. 실제로 대부분의 중년이 노후를 준비하지 못한 이유로, 절반 정도(48.7%)가 자녀교육비를 꼽았다.

지금 우리는 100세 시대를 앞두고 있다. 여기에는 돈 없이는 사람 구실을 하기는커녕 짐승보다 못한 노후를 보낼 수도 있다는 비참한 가능성이 숨어 있다. 은퇴 후 부부가 사람답게 살기 위해선 연간 5,594만 원이 든다고 한다. 이는 삼성생명이 은퇴 후 부부가 풍요로운 노후생활을 보내기 위해 필요한 연간 예상 경비로 추정한 금액이다.

기본 생활비 연 2,722만 원에 해외여행과 골프 등 노후생활을 여유롭게 즐기는 데 필요한 비용 연 2,872만 원이 더해진 액수다. 60세에 은퇴한 부부가 20년간 80세까지 산다고 가정하면

5,594만 원×20년=11억 1,880만 원의 노후 자금이 필요한 셈이다. 해외여행을 국내여행으로 대신하고 골프를 치지 않는 등 기대수준을 조정하면 연간 3,504만 원이 든다는 계산도 나왔다. 모두 물가상승률을 반영하지 않은 금액이다.

노후생활에 10억 원이 넘는 비용이 든다는 사실에 놀라지 않을 수 없다. 하지만 식비만 계산해봐도 이내 고개가 끄덕여진다. 하루 한 끼 비용을 5,000원으로 잡으면 하루 15,000원, 20년이면 1인당 1억 950만 원, 부부 2인의 비용은 2억 1,900만 원이나 되니 말이다.

2006년 통계청의 '고령층 경제활동인구 부가조사' 결과에 따르면 평균 퇴직 연령은 54세였고, 정년퇴직은 열 명 중 한 명 꼴인 전체의 12퍼센트밖에 되지 않았다. 대략 80세 평균수명까지만 산다고 해도 은퇴 후 26년을 보내야 한다는 계산이 나온다. 생활수준 향상과 의학 기술의 발달로 '100세 시대'가 열린다고 하면 46년을 버텨야 한다는 계산이 나온다. 만일 노후 대책이 되어 있다면 은퇴는 인생의 축복이겠지만 그렇지 못한 사람에게는 재앙과 다름없는 시간이 된다.

마흔, 아프다 못해 고통스럽다. 그동안 숨이 턱에 찰 정도로 쉬지 않고 뛰었건만 돌아보니 빈털터리 마이너스 인생이다. 게다가 곳곳이 허방이다. 발 한 번 잘못 디디면 그 길로 추락사하게 된다.

집안에서도 직장에서도 돈 버는 기계, 유령이나 다름없다. 잉여 인간인 셈이다. 삶에 아무런 낙(樂)도, 재미도 없다. 은퇴 후 남은 인생을 어떻게 살아야 할지, 견뎌야 할지 두렵기만 하다. '마흔은 불혹이 아닌 미혹'이라는 말이 더 피부에 와 닿는다. 아무런 희망이 안 보이는 현실에서 그 누가 혹하지 않겠는가?

희망이 안 보인다는 것, 멀어진 아내와 다 커버린 자식들의 무관심보다 더 견디기 힘들다.

07

준비되지 않은 은퇴는 재앙이다

중국 진나라의 시황제는 불로불사의 약을 구하기 위해 3,000 명의 선남선녀를 동쪽으로 보냈다. 하지만 불로불사의 약은 그 어디에도 없었다. 결국 시황제는 50세의 나이로 죽게 된다. 이 로부터 2,300여 년 후 비록 시황제가 그토록 찾았던 불로불사 의 약은 아니지만 의학의 발달 등으로 인해 인간의 수명은 점차 늘어났다. 그리고 이른바 '100세 시대'가 열리고 있다.

그런데 문제는 100세 시대가 열리면서 그동안 간과하고 있었 던 은퇴 후의 경제적 여유의 중요성이 그 어느 때보다 부각되고 있다는 점이다. 건강도 중요하지만, 경제적으로 여유롭지 않으 면 행복한 노후를 보낼 수 없기 때문이다.

얼마 전, 50~60대들을 대상으로 한 특강을 하러 가던 길이었다. 종종 운전하면서 라디오를 듣는 편인데, 한 라디오 프로그램에서 디제이가 청취자의 메시지를 읽었다.

"여행은 가슴 떨릴 때 하는 일이지, 다리 떨릴 때 하는 일이 아니다."

이 말을 듣는 순간 나는 '맞아! 여행도 젊어서 해야지, 다리 힘이 빠지면 헛일이야' 하면서 무릎을 쳤다. 그날 나는 청중에게 준비되지 않은 은퇴는 축복이 아닌 재앙이라고, 은퇴 준비도 여행처럼 가슴 떨릴 때 해야 한다고 조언했다.

사실, 많은 이가 은퇴 후 가슴 뛰는 삶이 아닌 가슴 조마조마한 삶을 살아간다. 물론 직장에 다닐 때는 은퇴 후 그동안 못했던 일들을 하며 더 여유롭게 살기를 꿈꾸지만 그야말로 꿈일 뿐이다.

"준비된 100세는 축복이지만, 준비되지 않은 100세는 재앙입니다. 노후생활비와 의료비 등 재무적인 부분부터 부부관계, 자기계발 등의 비재무적 부분에 이르기까지 이제는 100세 시대를 준비해야 합니다."

우재룡 삼성생명 은퇴연구소장은 〈조선비즈〉 주최로 열린 '4060 인생설계박람회'에서 '100세 시대 보험 가입의 전략'이라는 주제로 특강을 펼쳤다. 그 자리에서 그는 사람들의 평균수명이 늘어나면서 노후생활도 길어지기 때문에 확실한 노후 준비가 필요하다고 강조했다. 은퇴를 앞두고 있거나 은퇴를 한 이들이라면 충분히 공감이 되는 말이다.

물론 공감은 하지만 은퇴 준비가 말처럼 쉬운 일은 아니다. 말처럼 쉽다면 세상에는 축제 같은 은퇴를 즐기는 이들로 가득하겠지만 실상은 그렇지 않다. 다들 죽지 못해 산다는 말을 할 정도로 은퇴 후의 삶은 비참하다.

중장년들은 하나같이 강산이 몇 번 변하는 긴 세월 동안 가족과 회사를 위해 헌신하고 희생했다. 하지만 그럼에도 불구하고 힘든 노후를 보내게 된다. 그 이유는 무엇일까? 크게 네 가지 이유를 꼽을 수 있다.

첫째, 은퇴 연령이 너무 낮다.

우리나라의 평균 은퇴 연령은 53세로 일본의 60세는 물론 미국과 유럽의 61~64세에 비해 지나치게 낮다. 일할 수 있는 기간이 다른 나라에 비해 7년, 많게는 10년 이상 상대적으로 짧은 탓에 한창 일할 나이에 회사를 나와야 한다. 사실, 50대 초중반이면 몸값도 가장 높은 시기다. 따라서 소득수준이 정점에 있기 때문에 몇 년 더 일할 수 있어야 노후 준비가 어느 정도 가능해진다. 하지만 현실은 그렇지 못하다. 급여수준이 가장 높은 순간에 눈물을 머금고 책상을 빼야 한다.

둘째, 평균수명이 급속하게 늘어나고 있다.

불과 20년 전만 하더라도 71세였던 평균수명이 2010년에는 81세로 늘어났다. 즉, 은퇴 시기는 빨라지는 반면에 은퇴 후 살아야 할 여생은 점점 더 길어지고 있는 것이다.

셋째, 금리가 연 4퍼센트 안팎으로 낮다.

그동안 직장생활을 하며 살뜰하게 모아놓은 돈이 얼마간 있다고 하더라도 낮은 금리로 인해 이자만으로는 생활이 불가능하다. 금리가 10퍼센트 혹은 20퍼센트 한다면 그 이자만으로도 어느 정도 생활이 가능하지만 더 이상 그런 시대는 오지 않을 전망이다. 외환위기 때의 두 자릿수 금리는 구석기 시대에나 있을 법한 이야기가 되어버렸다.

넷째, 자식들에게 '올인'했다.

우리나라 부모들은 외국에 비해 자식들에 대한 투자가 지나치다. 못 벌어도, 없어도 자식들 교육만큼은 빚을 내서라도 시킨다는 생각이 강하다. 그리고 자식들이 결혼할 때 결혼 비용까지 마련해주다 보니 정작 본인들의 노후는 준비할 틈이 없다.

앞으로도 재앙 같은 노후를 보낼 수밖에 없는 이유는 더욱 늘어날 것이다. 그렇다고 해서 손 놓고 있을 수만은 없다. 지금부터라도 차분히 준비한다면 여유롭고 행복한 인생을 살 수 있다. 인생이 끝나지 않은 한 기회는 얼마든지 있게 마련이다.

한 일간지에 20여 년간 지방은행에서 자금운용 업무를 하다가 1인 연구소 창업으로 행복한 인생 2막을 살고 있는 M에 대한 기사가 실렸다. 그는 2003년 다니던 은행에서 나와야 했다. 외환위기 이후 은행 경영실적이 나빠지면서 대규모 구조조정의 희생양이 된 것이다. 하루아침에 직장을 잃자 심각한 생활고가 시작되었다. 중학생, 고등학생이던 두 아들의 학원을 끊어야 했고, 후두암을 앓고 있던 아버지에게 용돈은커녕 치료비조차 드리지 못했다.

그러나 7년 후 2010년 12월부터 그의 새로운 인생 2막이 시작되었다. 자신의 이름을 내걸고 '운동처방연구소'를 연 것이다. 20년 넘게 해온 헬스에 대한 지식과 경험을 살려 1인 창업을 한 그는 주로 일반인을 대상으로 가장 적합한 운동 종류, 방법, 횟수 등을 제안, 지도하고 있다. 또한 일상생활의 나쁜 습관으로 병이 생기는 것을 방지해주는 '건강도우미' 역할도 하고 있다. 현재 그는 초등학교, 보훈교육원, 사회복지관 등을 중심으로 활발한 강연 활동도 펼치고 있다. 수강생은 매회 50~250명에 달한다. 2012년 8월부터는 기업 고객을 위한 온라인 강연도 시작했다.

그는 틈틈이 재능 기부도 하고 있다. 서울시 교육청에서 주최하는 무료 건강 강연을 진행하면서 퇴직자들에게 창업 노하우를 전수하는 역할도 하고 있다. 그는 자신에게 재능 기부는 일상의 가장 큰 활력소라고 말한다.

물론 지금은 직장생활을 할 때보다 더 여유롭고 즐겁게 살지만, 지금과 같은 인생 2막을 만들기 위해 더욱 고군분투해야 했다. 사실, 그 역시 개인 연구소를 열기 이전에는 재취업에만 매달렸다. 그동안의 경력을 토대로 어렵지 않게 일자리를 구할 수 있을 것으로 생각했기 때문이다. 그러나 현실은 생각처럼 녹록치 않았다. 면접을 보자면 하나같이 나이가 많다는 이유로 거절

당했다. 이런 일이 반복되다 보니 스스로 깊은 자괴감에 빠지곤 했다.

그러다 운 좋게 2006년에 아스팔트 포장 업체인 '아리코'에 들어가 4년간 영업 관련 일을 할 수 있었다. 그러나 회사가 다른 기업에 넘어가면서 2010년에 다시 실업자 신세가 되었다. 일자리를 구해보려 했지만 기술직이 아닌 사무관리직 출신이라는 이유로 번번이 고배를 마셨다. 그는 재취업이 되지 않는 현실을 인정해야 했다.

그는 고민을 거듭하다가 2010년에 운동처방연구소라는 아이템으로 창업을 생각했다. 그는 이렇게 말했다.

"나만의 특화된 장점을 살려 창업을 한다면 실패하지 않을 것이라는 확신이 들었습니다. 마침 은행에 다닐 당시 따두었던 운동처방사 자격증이 생각나 사업을 시작하게 되었지요."

현재 그는 은퇴를 앞두고 있거나 퇴직한 사람들에게 가능성 낮은 재취업보다는 창업을 권유한다.

"재취업에 성공한다고 해도 몇 년밖에 일하지 못하는 경우가 많습니다. 20~30년 후를 내다보고 창업에 도전하는 것도 새로운 인생을 여는 한 방법이 됩니다. 근육은 자기가 아니면 만들지 못하듯 기회도 스스로 찾아내려고 노력해야 합니다."

고사성어에 '선즉제인(先則制人)'이라는 말이 있다. 이는 남보다 앞서 일을 도모하면 능히 남을 누를 수 있다는 뜻이다. 여기서 남을 의미하는 사람 '인(人)'을 '인생(人生)'으로 치환하면

위로받고 싶은 마흔 벼랑 끝에 꿈을 세워라

다음과 같은 해석이 가능하다.

'남보다 앞서 은퇴를 준비하면(先則) 능히 내 인생과 노후를 다스릴 수 있다(制人生).'

은퇴 준비는 남과의 경쟁이 아니라 바로 나 자신과의 싸움이다.

나이 예순이 넘은 한 지인은 작년에 박사학위를 받았다. 그는 나이가 들어서도 새로운 직업을 가져야 할 시대가 올 거라면서 직장생활을 하던 50대 초반부터 대학원을 다니며 틈틈이 준비했다. 현재 그는 그동안 자신이 몸담았던 일에 대한 전문성과 경험을 토대로 저술과 강연, 코칭 활동을 하고 있다. 오래전부터 그는 사람들에게 미리 준비하면 은퇴 후에도 얼마든지 행복한 인생을 살 수 있다고 말했는데, 그의 말이 현실이 된 것이다.

분명, 앞으로 노후생활은 더욱 길어질 것이다. 따라서 직업 세계에 몸담고 있을 때 은퇴 후의 인생을 미리 준비해야 한다. 그래야 마지못해 사는 비루한 인생이 아닌, 여유로운 인생을 즐길 수 있다.

08

안고 갈 사람,
버리고 갈 사람

마흔 고개를 지나니 몸도 예전만 못하다. 소주 몇 병에도 다음 날 쓰린 속을 부여잡고 방바닥을 긁는다. 헬스클럽을 부지런히 다녀도 근육은 그대로이고 뱃살은 자꾸만 처진다. 일에 모든 것을 걸었던 30대의 열정은 사라진 지 오래다. 출근할 때 지하철 안에선 '희망 없는 직장생활을 언제까지 계속해야 할까?', '더 늦기 전에 새로운 일을 시작하는 게 낫지 않을까?', '애들 대학 마칠 때까지는 어떻게든 버텨야 할 텐데……' 하는 생각이 꼬리에 꼬리를 문다.

퇴근 후 찾은 서점 진열대에는 마흔을 위한 자기계발서들이 홍수처럼 넘쳐난다. 온라인 서점 검색창에 '마흔'을 입력하면 180여 건에 달하는 제목이 줄을 잇는다. '나처럼 다들 힘든가 보구나' 하는 생각이 그나마 위안이 된다. 하지만 그런 위안도 잠시, 이 나이가 되도록 제대로 이루어놓은 게 없다는 생각에 자괴감이 든다. 현실은 답답하기만 하고 불안한 미래에 오늘도 새가슴이 된다.

인생에서 40대는 매우 중요한 시기다. 많은 중년이 '사추기(思秋期)'를 앓고 있는데, 40대는 실패해서는 안 되는 시기인 만큼 좌절과 방황으로 고민이 깊다. 하지만 그렇다고 계속 흔들릴 수만도 없는 것이 40대. 진정한 의미에서 자신을 지탱해줄 인맥을 만들어야 하는 시기이기 때문이다.

마흔 즈음에는 무언가 변화가 필요하다. 그 변화는 평생 함께할 진짜 인맥으로 압축하는 것에서 시작된다. 모든 비즈니스에서의 기회는 사람에서 생겨나기 때문이다. 따라서 마흔에 인간관계를 제대로 구축하지 못하면 남은 인생은 엉망이 될 수 있다.

성공한 사람들은 마흔 즈음에 자신의 인생에 도움이 되고, 자신 또한 다른 사람들에게 진정으로 득이 되는 관계를 구축하기 위해 노력했다. 세상에는 마흔 즈음에 인생의 정점을 찍은 뒤 갈수록 추락하는 사람이 있는가 하면, 갈수록 승승장구하는 사람이 있다. 그들의 성공 이면을 들여다보면 명함이나 청구서로 구성된 가짜 인맥이 아닌 평생 함께할 진짜 인맥을 가졌다는 것을 알 수 있다. 따라서 마흔을 살고 있다면 먼저 현재 자신의 인맥을 점검해볼 필요가 있다.

인맥이란 내게 어떤 부분에서든 영향을 미칠 수 있는 것이다. 어떤 사람과 관계하느냐에 따라 인생이 행복해지기도, 불행해지기도 한다. 인생의 불행과 행복은 자신이 만나는 사람에게 달렸다고 해도 과언이 아니다. 같은 조직에 있는 사람들뿐만 아니라 주변을 둘러보면 불평불만 가득하고 염세적인 사람들이 많다. 그들에게서 결코 긍정적인 영향을 받거나 기분 좋은 만남을 기대하기란 어렵다. 대부분 자신이 필요할 때만 연락을 취하거나, 술자리에서 동료 험담을 하거나, 약속을 지키지 않거나, 대화를 늘 비관적으로 끝내거나, 자기 말만 하거나, 고맙다는 말에 인색하다. 이런 사람은 과감히 버려야 한다.

지금 어떤 사람을 만나고 있느냐에 따라 미래가 달라진다. 나는 개인적으로 비관적인 사람, 동료 험담을 늘어놓는 사람, 칭찬에 인색한 사람, 교묘하게 거짓말을 하는 사람을 멀리한다. 그리고 때로 상대를 위해 애쓴 일의 결과가 좋지 않을 때 상대의 반응을 살펴보면서 앞으로 계속 안고 갈 사람인지, 버려야 할 사람인지를 판단한다.

나는 40, 50대들을 대상으로 강연을 할 때 "마흔이 넘으면 반드시 안고 갈 사람, 버려야 할 사람을 가려내야 한다"고 조언한다. 앞서 말했다시피 지금 관계를 맺고 있는 인맥은 내게 어떤 부분에서든 영향을 미칠 수 있다. 따라서 반드시 인맥의 옥석을 가려야 한다. 지금은 나에게 간도 쓸개도 다 빼줄 것 같지만 더이상 내가 상대에게 줄 것이 없거나 내 모습이 초라해진다면 안

위로받고 싶은 마흔 벼랑 끝에 꿈을 세워라

면 몰수할 사람이 대부분이다. 쭉정이 같은 그들에게 소중한 시간과 에너지와 돈을 써가며 허송세월해선 안 된다.

"사석에서 만나 알게 된 사람 중에 특별한 일이 없더라도 연락을 취했을 때 아무 반응이 일어나지 않는 이는 그냥 아는 사람일 뿐 내게 인맥이 되지는 않습니다."

주위에는 성격 좋고, 남에게 피해를 주지 않고, 둥글둥글 호감형인 사람이 많다. 그들과 함께 있으면 거리낌이 없어 왠지 마음이 편하다. 하지만 그렇다고 해도 모두 옥과 같은 인맥이라고는 할 수 없다. 물론 그렇다고 그들을 휴지통에 던지라는 것은 아니다. 이들 중 진짜 인맥을 찾을 필요가 있다.

그러기 위해선 자신의 성향을 드러내며 날을 세울 필요가 있다. 그동안 상대의 말에 고개를 끄덕여가며 찬동의 의사를 보냈다면, 이제는 여러 사람이 모인 자리에서 상대의 말에 다른 의견을 제시해보는 것이다. 그때의 반응을 보고 이 사람이 나의 의견을 끝까지 경청하면서 내 생각에 공감하는지, 아니면 일방적으로 자신의 말만 하는지 판단해볼 수 있다.

내 경험상 청구서로 맺어진 관계는 대부분 버려야 할 인맥이다. 마흔 즈음에 들어선 직장인이라면 보통 업무상 자주 만나고 자주 접대를 받는 거래처의 관계가 있게 마련이다. 그들과 술잔을 기울이며 때로 속 깊은 고민을 털어놓기도 하지만 이런 관계는 술이 깸과 동시에 깨지고 만다. 따라서 지금 청구서로 맺어진 관계가 있다면 그들과 나는 어떤 영향을 주는 관계인지 깊이 생각해볼 필요가 있다. 지인 중 이런 인맥들과 같이 사업을 했다가 배신 당해 수억 원의 빚만 끌어안은 이도 있다. 이런 어중간한 관계가 가장 무서운 법이다.

경우에 따라 청구로 맺어진 관계라고 해도 무조건 내쳐선 안될 사람이 있다. 그들을 가려내기 위해선 상대에게 귀찮은 일이나 돈이 되지 않는 사소한 일을 부탁 또는 제안해보라. 여러 번 부탁하거나 제안해도 흔쾌히 들어주거나 거리낌 없이 받아들인다면 청구서로 맺어진 관계가 아닌 진정한 관계라고 할 수 있다.

마흔은 인생 2막을 준비해야 하는 중요한 시기인 만큼 술친구들과 가까이해선 안 된다. 안타까운 것은 대부분의 중장년이 자신에게 긍정적인 영향을 주는 사람들이 아닌 해가 되는 주당과 가까이 지낸다는 것이다. 주당들은 습관상 술을 마시지 않으면 안 되기 때문에 주변에 술친구들을 여러 명 두고 있다. 지금 당신이 그들의 술자리에서 함께 어울리고 있다는 것은 술 마시기 위한 목적에 휩쓸려 쓸데없이 시간과 에너지를 낭비하고 있다는 의미임을 깨달아야 한다.

이런저런 잡식 인맥이 필요한 시기는 20대다. 20대에는 다양한 경험과 인맥을 쌓을 필요가 있기 때문이다. 그런 경험과 인맥을 통해서 미래를 설계하기도, 자신을 돌아보기도 하면서 어떤 인간관계를 맺어야 하는지 차츰 깨닫는다.

하지만 40대가 지나는 시기에는, 누군가의 험담을 하기 바쁜고 가식으로 가득찬 술자리는 아무런 도움이 되지 않는다. 이런 모임은 1년에 한두 번 송년회 정도면 족하다.

사람은 누구나 평생 함께할 진짜 인맥, 즉 청구서가 아닌 마음과 마음으로 이루어진 진정한 관계를 몇 명 가지고 있다. 그렇다면 이들과의 관계를 어떻게 해야 할까? 가식이 아닌 진정성을 가지고 대해야 한다.

사회생활을 하다 보면 비즈니스 목적으로 자주 만나 식사를 하는 관계가 있다. 그런데 대부분은 자신이 계산해야 할 차례에 개인카드가 아닌 법인카드를 꺼낸다. 법인카드를 꺼내느냐, 개인카드를 꺼내느냐는 두 사람의 관계 발전에 큰 차이를 발생시킨다.

법인카드로 계산한다면 상대는 나를 그저 비즈니스 목적으로 만나는 대상으로 여기게 된다. 반면에 법인카드 대신 굳이 개인카드를 쓴다면 상대는 내가 자신을 이해득실이 아닌 마음으로 접대했다고 여기게 된다. 상대가 나의 진정성을 보게 되는 것이다.

"상대가 나와 평생 함께할 진짜 인맥이라는 생각이 든다면 가끔 개인카드를 꺼내 진심으로 지불하세요. 법인카드는 오직 비즈니스적인 관계, 전표를 통해서만 성립되는 관계, 사람과 사람보다 회사와 사람의 관계로 보일 수 있습니다. 이는 동료나 선후배의 관계에서도 마찬가지입니다. 법인카드는 상대의 가치를 깎아내리지만 개인카드는 상대의 가치를 올려줌으로써 마음을 얻을 수 있습니다."

진짜 인맥은 내 미래를 빛나게 한다. 인맥은 누구에게나 큰 자산이다. 20대에 비해 중장년층에게 인맥은 인생 2막을 위한 성공의 씨앗이 될 수 있다. 그리고 인생에서 많은 기회가 사람 사이에서 생겨나듯이 중년의 인맥은 즐겁고 행복한 미래와 직결되는 비결이다.

그동안 아무 생각 없이 관계를 맺어왔다면 지금부터는 그동안 알고 지내는 사람들을 나와 평생 함께할 진짜 인맥으로 압축해야 한다. 사춘기를 앓고 있는 지금이 바로 인맥의 옥석을 가려야 할 시기다.

진정성이 있는 관계라면 당장 내가 손해를 보더라도 지속적으로 관계를 이어가야 한다. 특히 거래관계를 맺고 있던 외부 사람과의 인맥은 퇴직 후 창업이나 재취업을 생각할 때 많은 도움을 얻을 수 있다.

09

아내가 곁에 있어도 나는 아내가 그립다

중견기업 차장으로 있는 한 후배는 요즘 기운이 하나도 없다고 토로한다. 회사에선 일에 집중이 안 되고, 집에 와선 정신줄 빼놓고 보던 텔레비전 드라마도 재미가 없다. 주말에는 온종일 드러누워 있으니, 아내와 아이는 자신의 눈치만 본다. 그만큼 만사가 귀찮게만 느껴지는 것이다.

얼마 전에는 뽑은 지 반년도 안 된 차에 흠집을 내기도 했다. 다행히 가벼운 접촉사고여서 별 손해 없이 보험처리로 사고를 해결할 수 있었다. 하지만 큰 마음먹고 할부로 구입한 차였기에 며칠간 속앓이를 해야 했다.

그는 '요즘 왜 이렇게 실수가 잦을까?' 하는 생각에 자꾸 한숨이 나온다. 자신도 모르게 "다 망할 놈의 회사 때문이야. 내가 회사에서 어떻게 일해 왔는데…… 정말 살고 싶지 않다"라는 말이 입버릇처럼 튀어나오기도 한다. 이런 말을 내뱉을 때마다 얼른 머리를 흔들며 생각을 고쳐보지만 뜻대로 되지 않는다. 회사가 더욱 원망스러워진다.

사실, 그는 누구보다 회사를 위해 열심히 일했다. 그리고 그동안 승진을 위해 안간힘을 쓰며 노력했지만 번번이 미끄러졌다. 친하게 지내던 동료 중 태반이 얼마 전 구조조정 때 사표를 써야 했다. 그때는 남아 있는 자로서의 심적 부담이 컸었는데, 곧 그 역시 구조조정의 칼바람을 피하지는 못했다. 임원진이 대폭 물갈이되면서 원치 않는 부서로 발령이 난 것이다. 전혀 낯선 환경에서 새로운 얼굴들과 새롭게 일을 해나가야 하는 상황에 처한 것이다.

직장생활 10년차인 그는 요령 한 번 피우지 않고 성실하게 일했다. 하지만 그런 자신을 회사가 인정해주지 않는다는 생각에 하루에도 몇 번씩 분노가 치밀어 오른다.

그는 이렇게 자위한다.

"죽어라고 회사에 충성했지만 나도 그저 소모품에 불과할 뿐인 거죠. 기를 쓴다고 뭐가 달라지겠어요? 이놈의 회사, 차라리 망해버려라!"

후배는 요즘 회사뿐만 아니라 집에서도 마음이 편하지 않다고 하소연한다. 마음 둘 곳이 없어 너무나 외롭다는 것이다. 아내와 살가운 대화를 나눠본 지가 언제였는지 기억이 가물가물하다는 것이다.

이는 비단 후배만의 현실이 아니다. 동시대를 사는 중년의 가장 대부분이 겪고 있는 문제다. 그래서 하나같이 울 수도, 아플 수도 없는 중년이라고 토로하는 것이다.

경제 상황은 나아지기보다 갈수록 심각해지고 있다. 이런 심각한 경제난 속에서 위기의 중년 남성들이 늘고 있다고 한다.

얼마 전 뉴스에서 다음과 같은 기자의 멘트가 나올 때, 나는 왠지 모르게 한없이 작아지는 것을 느꼈다.

"서울 신설동의 고시원에서 생활하는 56세 유씨. 두 평 남짓한 방에 놓여 있는 반찬 통은 텅 비었고 밥알은 바싹 말라버렸습니다. 일하던 식당이 문을 닫고 경제 사정이 나빠지면서 유씨는 지난 2000년 아내와 헤어졌습니다. 사업을 시작했지만 이마저도 실패해 지금은 일용직으로 생계를 이어가고 있습니다."

"경기도 용인에서 학원을 운영하는 40세 서씨는 지난 1월 성격 차이로 이혼해 혼자 살고 있습니다. 밤 열 시가 넘은 시각, 일을 마치고 돌아온 원룸엔 아무도 없습니다. 이혼만 하면 홀가분해질 것 같았다는 서씨는 이제 외로움과 싸우고 있습니다."

이런 보도에 동시대를 사는 중장년의 가장들은 가슴이 철렁하게 마련이다. 결코 남의 얘기처럼 들리지 않기 때문이다. 지금은 아내와 함께 밥 먹고 한이불을 덮지만 언제 상황이 바뀔지 알 수 없다.

50대 중반의 J. 요즘 들어 아내가 아무런 이유 없이 짜증을 내는 일이 부쩍 많아졌는데 그럴 때마다 그는 가시방석이다. 자신도 모르게 아내의 눈치를 보는 일이 잦아졌다. 아내의 비위를 맞춰주기 위해 퇴근 후에는 설거지, 쓰레기 처리 등 집안일을 알아서 한다. 이는 6개월 전만 해도 상상할 수 없던 일이다.

예전 같으면 퇴근 후 텔레비전 채널을 돌리거나 컴퓨터 게임을 하며 시간을 보내기 일쑤였다. 그리고 월급날 온갖 생색을 내며 쥐꼬리만 한 생활비를 내놓던 그였다. 그러던 그의 태도가 백팔십도로 바뀐 것은 오랫동안 전업주부로 있었던 아내가 직장생활을 시작하면서부터다.

예전에는 툭하면 아내 입에서 '이혼' 소리가 습관처럼 나왔는데 지금은 더 이상 그렇지 않다. 그런 아내의 태도가 오히려 그를 더 불안하게 한다.

"지금 아내가 직장생활을 하면서 버는 돈이 내가 주던 생활비보다 많아요. 아내는 그 돈으로 혼자서도 충분히 아이를 키우며 살 수 있다고 생각하는 것 같아요. 그래서 '한 번만 더 내 속을 썩여봐라' 하고 속으로 벼르는 것 같아 요즘 불안하기만 합니다."

예전에는 가족의 생계를 책임지는 가장이라는 권위의식에 아내에게 함부로 대했지만 지금은 상황이 역전되었다. 오히려 그가 아내의 눈치를 보며 비위를 맞추고 있다. 그는 자신의 태도가 달라지지 않으면 언제든 이혼당할 수 있다는 것을 깨달았다고 한다.

　요즘 나는 아내가 곁에 있어도 아내가 그립다는 생각을 자주 한다. 한집에서 한솥밥을 먹고 산다고 가족인 것은 아니다. 힘과 위로가 되어주고 진심 어린 마음을 나눌 줄 아는 가족이 진정한 가족이다.

　언젠가부터 아내와 마음을 터놓고 얘기해본 적이 거의 없다. 그러다 보니 종종 아내와 마주앉아 있자면 무슨 말부터 해야 할지 당황스러울 때가 있다. 딱히 아내와 할 얘기가 없어 그저 하릴없이 자식들 얘기나 하다가 자리에서 일어나곤 한다. 그러면 아내가 더 낯설게 느껴지고 예전의 아내가 아니라는 생각마저 든다.

　내가 아내에게 느끼는 감정을 아내 역시 나에게 똑같이 느낄 것이다. 그렇다면 내가 힘든 만큼 아내도 힘들 테고, 어쩌면 극단적인 선택을 고려할지도 모른다는 위기의식이 든다. 자판을 두드리고 있는 지금 이 순간, 내 심장이 세차게 요동치기 시작한다. 하지만 마음 한편으로 아내는 여전히 나를 사랑한다고 믿고 싶다.

　많은 부부가 황혼 이혼을 하는데 전문가들은 이혼의 초기 이유와 마지막 이유로 '대화 불능'을 꼽는다. 소통이 안 되기 때문에 사소한 말다툼이 커져 종국에는 이혼으로 치닫는다는 것이다. 사실, 부부가 서로 소통이 된다면 자연히 오해가 풀리기에 이혼까지 가지 않는다.

부부 문제 전문가들은 부부의 원활한 의사소통 방법으로 다섯 가지를 든다.

① 투명하고 정확한 메시지를 전달하라.
② 언행이 불일치하는 말은 피하라.
⑥ 타인과 비교하지 말라.
③ 공감하라.
④ 피드백을 제공하라.
⑤ 긍정적이고 격려하는 말을 많이 하라.

물론 전문가들이 말하는 방식으로 대화를 한다면 지금처럼 아내가 낯설지도, 두렵지도 않을 것이다. 하지만 그게 말처럼 쉬운 일인가. 하루 종일 회사에서 상사와 부하 직원 틈에 끼어 시달리는가 하면 맡고 있는 일들은 또 얼마나 심적인 부담인가! 퇴근하고 나면 그야말로 파김치가 따로 없다. 몸에 기운이 없는 탓에 가장 가깝다고 믿는 아내에게 무심코 함부로 대하게 된다. 이는 아내를 무시해서가 아니다. 삶이 너무 고단하니 이렇게라도 해야 숨을 쉴 수 있어서다. 그래야 살 수 있기 때문이다. 그래서 자신도 모르게 아내에게 신경질을 내거나 잔소리를 하게 되는 것이다. 물론 아내는 이런 남편의 행동이 꼴사나울 것이다.

예전에는 남편이 아무리 힘들게 해도 자식 때문에, 경제적인 문제 때문에 꾹 참고 살았다. 하지만 지금은 시대가 달라졌다. 중년 남성에 비해 중년 여성들은 가사 도우미나 식당일, 간병인 등 상대적으로 일자리를 구하기가 수월하다. 그래서 경제적으로 쪼들릴 일이 과거 이혼녀에 비해 현저히 줄었다. 그뿐만 아니라 이혼 후에도 자식과의 친밀감을 유지할 수 있기 때문에 가족으로부터 고립되는 경우도 거의 없다. 그러다 보니 남자들보다 쉽게 이혼을 택한다.

그러나 중년 남성들의 경우는 다르다. 대부분 '내가 그동안 누굴 위해 뼈 빠지게 일해왔는데, 이제 와서 아내와 자식이 나한테 이럴 수 있어?' 하는 억울함과 분노 때문에 감정을 통제하지 못하고 이혼을 선택한다. 그러고는 이혼 후 "사무치게 외롭다"고 하소연하는 사람들이 많다. 경우에 따라선 자살 충동을 느끼거나 실제로 자살 시도를 하는 경우도 많다.

중년 부부가 이혼할라치면 대부분 기존 재산을 절반씩 나눈다. 이 때문에 이혼 후 반으로 줄어든 재산으로 셋집을 전전하며 살다 노후에 '홀몸 노인'이나 '쪽방 노인' 신세로 전락하는 사람들도 많다. 따라서 중년 남성이 아내에게 이혼을 당하지 말아야 할 이유를 이렇게 꼽을 수 있겠다.

첫째, 재산 분할로 경제적으로 쪼들리게 된다. 구조조정이나 은퇴 후 재취업은 사실상 매우 어려운 일이기에 경제적 여유를 회복하기란 거의 불가능하다.

둘째, 혼자 식사를 해결하기가 어렵다.

셋째, 자기관리가 되지 않아 건강이 나빠지기 쉽다.

주변에 이혼한 중년 남성들이 더러 있는데 하나같이 삶이 눈물겹다. 가진 것 없이 중년에 아내에게 이혼당하면 낙동강 오리알 신세보다 더 비참해진다는 것을 알 수 있다. 그래서 나는 직장인들에게 잘나가는 지금 아내에게 잘하라고 조언한다.

남자는 나이가 들수록 곁에 아내밖에 없는데 정작 아내는 남편이 귀찮아지기 시작한다. 그러니 젊어서부터 잘해주지 못했다면 지금부터라도 잘해야 한다.

나는 아내가 곁에 있어도 아내가 그립다. 더욱이 돌아갈 수도 나아갈 수도 없는 지금, 가장 가까이 있는 아내가 너무나 멀게 느껴진다. 주말인 오늘도 나는 아내 곁을 맴돌며 관심을 끌기 위해 안간힘을 쓴다.

PART 2

정직한 마흔은
초라하고 흔들리는 게
당연하다

01
원래 인생은
불공정한 게임이다

젊었을 때는 그나마 '세상은 내가 노력한 만큼 남보다 앞서 갈 수 있고 성공할 수 있다'는 생각을 가지고 있었다. 그래서 부모 잘 만나 나보다 더 유리한 조건에서 시작하는 친구들을 마냥 부러워하지 않았다. 그들과 싸워 이기기 위해 이 악물고 악착같이 노력했다. 그 결과 어느 정도 성과도 얻었고 남들이 부러워하는 위치에도 오를 수 있었다.

그런데 문제는 나이가 들수록 인생이 무조건 내 편에 서지는 않는다는 것이다. 한길만 보며 달려온 사람이 승진에서 미끄러지고, 오히려 업무 능력은 부족한데도 줄을 잘 선 덕분에 승승장구한다. 오로지 회사만 바라보며 살았지만 정작 회사가 어려워지자 그동안의 헌신은 나 몰라라 하고 구조조정 대상자의 리

스트에 올리기도 한다.

인생의 불공평함을 느낀다는 것은 시간과 노력을 투자한 만큼 대가가 돌아오지 않는 세상에 대해 깨달았다는 방증이다. 적어도 학창 시절에는 공부한 만큼 단어가 외워지고 노력한 만큼 성적이 올랐다. 그런데 사회인이 된 순간부터는 무조건 노력하고 애쓴다 해서 그만큼의 성과가 돌아오지는 않는다.

한 중견기업에서 근무하는 D의 하소연이다.

"10년차 직장인입니다. 회사가 어렵다는 핑계로 구조조정을 하게 되었습니다. 그런데 내 의사는 묻지도 않고 구조조정 대상자라며 위로금조차 주지 않고 나가라고 합니다. 구조조정에 반발하면 일부러 대기발령을 내서 스스로 퇴사하게 만들려고 합니다. 그동안 회사에 큰 손실을 끼친 적도 없고 회사에 10년 동안 충성했는데 너무나 억울하고 분해서 어떻게 해야 할지 모르겠습니다."

세상에 D와 같은 처지에 있는 이는 수없이 많다. 하나같이 그들은 회사에 뼈를 묻을 각오로 일했고 헌신했다. 그들이 억울해하며 분노하는 이유는 자신의 전부를 회사에 쏟았기 때문이다. 놀러 가는 식으로 회사를 다녔더라면 절대 그런 억울한 심정을 갖지 않을 것이다.

D를 보며 직장생활을 하고 있을 때 인생 2막을 준비해야 한다는 생각이 새삼 들었다. 앞서, 지금 몸담고 있는 회사는 내가 만든 회사가 아니기에 언제든 나갈 준비를 하고 있어야 한다고

했다. 언제까지나 회사의 월급을 받을 생각만 하고 있는 것보다 더 어리석고 위험한 일은 없다. 어느 날 갑자기 구조조정이라는 망치를 얻어맞는 순간 눈앞은 캄캄해진다. 할 수 있는 일이라곤 회사가 자신을 배신했다며, 어떻게 그럴 수 있냐며 원망하고 비난하는 것뿐이다.

늦은 밤, 대기업에 다니는 한 후배에게서 전화가 걸려왔다. 그때 나는 사무실에서 야근을 마무리하는 중이었다. 몇 달 동안 통 소식이 없던 후배에게서 갑자기 전화가 걸려오자 반가운 마음과 함께 무슨 일일까, 하는 걱정이 들었다. 어쩐 일이냐고 묻는 나의 말에 후배는 "선배님, 잘 계시죠?" 하고 반문했다.

그는 홀로 포장마차에서 술을 마시고 있다고 했다. 나는 요즘 같은 어려운 시기에 술 마실 여유도 있고 팔자 좋다고 농을 놓았다. 그는 그저 웃기만 했다.

그는 잠시 뜸을 들이더니 이렇게 말했다.

"선배님, 저 오늘 회사에서 잘렸어요."

그가 여전히 웃고 있었기에 마치 농담처럼 들렸다. 하지만 분위기상 진담이라는 것을 알 수 있었다. 회사에서 갑자기 구조조정 통보를 받고 오늘 책상 정리를 했다는 것이다. 그는 결국 웃음기가 다 가신 목소리로, "외롭습니다. 사는 게 정말 거지 같습니다"라고 했다. 술을 얼마나 마셨는지 이미 혀가 꼬인 목소리였다.

후배를 만난 것은 보름 후였다. 그의 얼굴은 몰라보게 초췌해져 있었다.

"구조조정이다 뭐다 이런 얘기들은 남 이야기인 줄 알았어요. 그동안 누구보다 열심히 일했고, 나름대로 성과도 올렸다고 생각했으니까요. 제가 구조조정으로 회사에서 잘릴 줄은 꿈에도 몰랐어요. 부서장에게 그 소식을 들었을 때 하늘이 무너지는 줄 알았습니다. 뭔가 잘못됐을 거라고 생각했지만 이미 엎질러진 물이었어요. 그런데 그토록 믿었던 부서장과 주위의 동료가 그렇게 싸늘하게 대할 줄은 몰랐습니다. 마치 이방인을 쳐다보는 듯했는데, 그때 제 자신이 그토록 무능력하게 느껴질 수 없었어요. 미쳐버릴 것 같더라고요."

함께 술을 마시는 내내 후배는 마치 시한부 통보를 받은 암환자처럼 절망과 공포와 분노와 체념을 수시로 넘나들었다. 나는 그에게 딱히 해줄 말이 없었다. 오히려 한 살이라도 젊을 때 회사를 나오는 게 더 낫지 않겠느냐, 인간사 새옹지마라고, 앞으로 더 좋은 일이 있을 거라며 판에 박힌 말로 위로했다.

후배는 대꾸 없이 술잔만 기울이다 가슴 속 응어리를 쥐어짜는 목소리로 말했다.

"왜? 왜 회사밖에 몰랐던 제가 구조조정의 대상이 되었을까요? 왜 저여야 했냐고요!"

나는 후배가 누구보다도 성실하게 살아왔다는 것을 잘 알고 있다. 항상 야근을 했고 그래서 늘 가족에게서 일밖에 모른다는 타박을 들으며 살았다. 그런 그였기에 내가 대신해서 그의 부서장을 만나 왜 후배가 구조조정의 대상에 올랐는지 따지고 싶었다.

그날 후배는 과하게 술을 마셨다. 몸을 제대로 가누지 못하는 후배를 택시에 태워 보내고 집으로 가는 내내 왜 자기여야 하는지를 묻던 후배의 얼굴이 머릿속에서 떠나지 않았다.

중년을 사는 지금, 인생은 원래 불공평하다는 것을 절실히 느낀다. 그래서 20, 30대 후배들에게 인생은 공평하다는 말을 가급적 자제하고 있다. 그 대신 업무 외에 간절히 하고 싶거나 이루고 싶은 꿈을 갖고 살아야 한다고 조언한다. 꿈이라도 있어야 그나마 인생이 살맛 날 것 아닌가. 또 인생 2막의 대안으로 꿈만 한 것이 없지 않은가.

거듭 말하지만 40, 50대는 자녀들의 교육비나 부동산 대출금 상환, 노후 자금 마련 등으로 가장 지출이 많은 시기다. 그리고 경제적으로 가장 왕성하게 활동하는 시기다. 그런데 하루아침에 실직한다면 사회나 가족에게 인정받지 못하는 무능력자로 전락하고 만다. 물론 구조조정에서 살아남았더라도 끊임없는 치열한 경쟁 속에서 승자가 되어야 한다는 스트레스와 긴장감을 벗어버릴 수 없다.

학창 시절, 공부만 잘하면 행복과 성공은 부수적으로 따라온다고 믿었지만 살아보니 그것은 착각이었음을 뼈저리게 느낀다. 오히려 공부와 담 쌓고 놀기만 하던 친구들이 개인 사업을 하는 등 더 잘나가는 모습이다. 상대적으로 박탈감을 느끼지 않을 수 없다.

지인 중 업무 실수로 회사에 큰 손실을 끼친 후 퇴직한 Y가 있다. 그는 재취업이 어렵자 무리하게 대출을 받아 음식점을 차렸다. 그러나 1년도 채 지나지 않아 수억 원의 빚까지 떠안고 궁지에 몰렸다. 그는 가장으로서 책임을 다하지 못해 가족에게 짐이 된다는 죄책감에 시달리고 있다.

또 내 지인 중 애주가인 후배가 있다. 그는 일주일에 사나흘 술을 마신다. 매일같이 술 마시고 늦게 들어오는 그에게 하루는 아내가 잔소리를 했다.

"또 술 마셨어? 제발 당신 술값 좀 줄여! 지금 애들한테 돈 들어갈 데가 얼마나 많은 줄 알아?"

그러자 그는 이렇게 응수했다.

"그러는 당신은? 당신이나 화장품 좀 그만 사!"

어이가 없다는 듯 아내는 이렇게 말했다.

"내가 왜 화장하는 줄 알아? 당신한테 예뻐 보이려고 사는 거야!"

그러자 그도 지지 않고 토를 달았다.

"내가 왜 술 마시는지 알아? 나도 당신에게 예쁘게 보이려고 마셔!"

사람은 원래 이기적이다. 그래서 상대보다 내 입장에서 생각하고 판단한다. 하물며 사람이 만든 회사, 특히 이윤을 추구하는 회사는 오죽하랴. 과거 아무리 회사를 위해 헌신했어도 모난 돌이 되거나 더 이상 쓸모가 없어지면 내팽개쳐지게 마련이다. 그렇다고 회사를 원망하거나 욕할 필요도 없다. 오히려 나만 더 못난 인간이 된다. 회사라는 조직이 원래 그런 곳이니까.

나는 종종 강연에서 후배의 예를 들며 "이처럼 부부 사이에도 공평하지 않은데 하물며 인생이 공평할 수 있겠느냐?"고 말한다. 다시 말하지만 원래 인생은 공평하지 않다. 인생이란 불공정한 게임이라는 말이다.

우리가 하루하루 더 성장할 수 있는 것 역시 인생이 불공평하기 때문이다. 불공평하다는 것을 잘 알고 있기에 꾸준히 자기계발을 통해 자신의 단점을 보완하고 강점을 더욱 강화시키는 것이다.

어쨌거나 인생은 정말로 불공평한 게임이다. 하지만 나는 인생의 불공평함에서 희망을 찾는다. 불공평하기에 그래서 한번 살아볼 만한 것 아닐까. 인생은 나에게 불공평한 만큼 타인에게도 불공평하므로 공평하다.

위로받고 싶은 마흔 벼랑 끝에 꿈을 세워라

02

마음이 아프면
몸도 아프다

마음이 아프면 결국 몸도 아프게 마련이다. 20, 30대까지만 해도 마음이 아프다고 해서 몸까지 따라 아프다는 사실을 알지 못했다. 만일 몸까지 아프다면 그건 분명 나약해서라고 치부하곤 했다.

하지만 아니었다. 40대가 되면서 가정적으로나 사회적으로 짊어져야 할 책임이 늘어나면서 단 하루도 스트레스에 시달리지 않는 날이 없다. 때로 '이러다 어느 날 갑자기 심장마비로 쓰러져 죽지나 않을까?' 하는 불안감이 생길 정도다. 요즘 심근경색이니 심장마비니, 해서 갑자기 쓰러져 아예 눈을 뜨지 못하는 사람들이 늘고 있는 추세라는 뉴스를 볼 때면 등골이 서늘해진다.

언제부터인가 아침에 잠자리에서 일어나면 몸이 찌뿌둥한 것이 천근만근이다. 마음 같아선 하루 동안 아무것도 생각하지 않고 푹 좀 쉬었으면 하지만, 조직에서 일하는 이상 그럴 수도 없다. 그렇게 물 먹은 솜뭉치 같은 무거운 몸을 이끌고 직장으로 향한다. 마치 도살장에 억지로 끌려가는 소 신세나 다름없다는 생각이 떠나지 않는다.

30대까지만 해도 술자리를 가지면 2차는 기본이었다. 3차, 4차까지 달렸는데 지금은 1차도 버겁다. 그뿐인가. 예전에는 하루면 숙취가 사라졌는데 지금은 사나흘 동안 이어진다. 죽을 맛이다. 그러니 술잔 잡기가 겁날 지경이다.

과거에 비해 체력이 부쩍 약해졌다는 것을 자각한 후 '내 몸이 왜 이토록 약해졌을까? 왜 자주 여기저기 아픈 것일까?' 하고 자문해봤다. 자문 끝에 극심한 스트레스로 인해 마음이 아프고 결국 몸까지 아프다는 것을 그제야 깨달았다.

30대까지만 해도 가정에서나 사무실에서의 스트레스가 지금처럼 심하지는 않았다. 그저 일만 열심히 하면 모든 것이 잘 풀렸다. 가족과 사무실에서 인정을 받을 수 있었다. 하지만 지금은 일만 열심히 한다고 해서 술술 풀리지 않는다. 오히려 '사오정', '오륙도' 신세로 전락한 채 퇴물 취급을 받는다. 언제까지 지금의 밥그릇을 챙길 수 있을지 나 역시 의문이다.

살다 보면 누구나 마음을 다치게 마련이다. 특히 중년들은 그 다친 마음을 고스란히 안고 살아간다. 그들의 마음을 들여다보면 스트레스, 초조함, 두려움, 분노, 억울함, 우울 같은 부정적인 감정들이 가득 차 있을 것이다. 그 부정적인 감정들은 예리한 메스가 되어 마음을 난도질한다. 그럼에도 불구하고 "아프다"는 말도 못한 채 영원한 형벌을 받은 시시포스(그리스신화에 나오는 코린토스의 왕)처럼 굴러 떨어질 돌을 하릴없이 밀어 올려야 한다.

마냥 즐겁고 행복하게 살고 싶지만 내 뜻대로 되지 않는 게 인생이다. 때로 육체적 질병과 함께 불안, 분노, 불만족, 외로움, 우울, 무기력 같은 정신적 고통이 예고 없이 찾아오기도 하고, 인간관계, 사회적 문제, 이별, 천재지변 등의 외부적 요인에 의해 괴로움에 시달리기도 한다.

몸이 아플 때는 바로 병원에 가서 치료를 받거나 약을 먹을 수 있다. 그러나 보이지 않는 마음이 아플 때는 딱히 처방전이 없다. 그저 시간이 약이라 여기며 묵묵히 참고 또 참는 수밖에 없다. 그것도 아니면 잠시나마 괴로움을 잊기 위해 술잔을 기울이거나 여행을 떠나야 한다.

하버드대학교 의과대학의 허버트 벤슨 교수는 오늘날 병원을 찾는 모든 환자의 80퍼센트 정도가 스트레스나 기타 심리적인 이유로 병이 발생하였다고 말한 바 있다. 마음에 병이 생기면 결국 몸까지 아프게 된다는 것이다. 이는 역으로, 단순히 몸만 건강하다고 해서 건강한 것이 아니라는 의미다. 그래서 요즘 '힐링'이 대세다. 자고 나면 누가 자살했다는 소식이 심심찮게 들려오는데, 자살자 중 대부분은 몸보다 마음이 괴로워 죽음을 택할 수밖에 없었다.

인간은 다른 동물들과 달리 부정적 감정 처리에 취약하다. 따라서 아무리 많은 행복의 조건을 갖추었어도 자신을 힘들게 하는 문제에 부딪히면 쉽게 부정적 상태에 빠진다. 이때 마음의 상처, 즉 스트레스와 불안과 무력감은 스스로를 불행하게 만드는 요인이 된다. 그 결과 마음이 아픈 것처럼 몸까지 아프게 되는 것이다. 즉, 행복한 인생을 살기 위해선 마음과 몸이 함께 건강해야 한다.

40대 중반의 한 가장은 약 2년 전부터 왼쪽 머리의 심한 두통 때문에 줄곧 진통제를 복용해오다가 최근 증상이 더 심해져 정신과를 찾았다. 이제는 진통제도 잘 듣지 않을 정도였다.

그는 학창 시절에 공부는 물론 운동도 잘하는 팔방미인이었다. 평소 완벽을 추구하고 남에게 지는 것을 싫어하며 하는 일이 많아 마음이 항상 분주한 사람이었다. 그는 자식들을 명문대에 보내겠다는 목표를 갖고 있었다. 그중에서도 특히 첫째 아들이 검사가 되기를 원했다. 그런데 아이는 고등학교에 진학한 이후로 성적이 점차 떨어졌고 그는 불안하고 초조해졌다. 그래서 아들을 볼 때마다 "성적이 왜 그 모양이냐?", "넌 누굴 닮아서 그러느냐?"며 야단을 치곤 했다. 자식에 대한 걱정이 한시도 끊이지 않았다. 결과적으로 자식에 대한 욕심에서 오는 스트레스가 심한 두통으로 나타난 것이다.

자영업을 하고 있는 50대 초반의 K. 전업주부인 아내와 고등학교 1학년 아들을 두고 있다. 그는 요즘 자주 허탈감에 빠져 일하기가 싫고 아예 직업을 바꾸고 싶은 생각만 가득하다.

하루는 아내에게 직업을 바꾸고 싶다는 속마음을 내비쳤다. 하지만 아내에게 "다 늙어서 철없는 말만 한다"는 핀잔만 들었다. 아내는 커가는 아이에게 더 많은 돈이 들어갈 판인데 무슨 말이냐며 오히려 역정을 냈다. 그는 이러지도 저러지도 못한 채 아내 눈치만 보며 돈벌이를 하고 있다.

한 친구의 아내는 남편만 보면 화가 치밀어 미치겠다고 말한다. 이유인즉, 퇴직한 남편이 집에 들어앉아 이래라 저래라 매일 같이 잔소리를 해대는 탓에 도무지 숨을 쉴 수가 없다는 것이다.

"남편이 집안일에 자꾸 간섭하면서 시비를 걸어요. 빨래는 언제 할 거냐, 청소를 제대로 안 해서 먼지가 쌓였는데 안 보이냐, 냉장고에 유통기한 지난 음식이 있는데 어쩔 거냐, 집안꼴이 그런데 외출은 무슨 외출이냐고 핀잔을 일삼아서 스트레스가 심해요. 더는 이렇게 못 살겠어요. 늦었지만 지금부터라도 남편 눈치 안 보고 마음 편히 살고 싶다는 생각을 매일 합니다."

많은 중년이 여기저기 아프지 않은 데가 없다는 말을 자주 한다. 그들과 대화를 나눠보면 온갖 스트레스로 이미 마음이 아프다는 것을 느낄 수 있다. 마음의 고통이 몸까지 전이된 것이다.

그런데 몸과 마음을 별개로 생각하기 때문에 마음은 그냥 방치한 채 몸을 치료하러 병원에 가는 것이다.

부정적인 감정이 몸의 면역성을 낮춰, 각종 건강상의 문제를 야기한다는 연구가 발표되었다.

〈아시아 뉴스 인터내셔널(ANI)〉 인터넷판은 국제 정신의학 전문 학술지 〈정신신체의학〉을 인용해 감정을 잘 조율하는 것이 건강 유지의 지름길이라고 보도했다.

정신신체의학에 소개된 연구에 의하면 부정적인 감정이 지속될 경우, 각종 질병에 더욱 취약해질 뿐만 아니라 같은 질병에 걸리더라도 긍정적인 감정을 가진 사람에 비해 더 심한 통증을 느끼게 된다고 한다. 부정적인 감정을 부추기는 스트레스가 오랜 기간 지속될 경우, 뇌와 신체의 호르몬 균형을 깨뜨려 신체에 악영향을 미치기 때문이다.

연구팀은 193명의 건강한 실험 대상자를 2주 동안 인터뷰하며 그들이 일상생활에서 경험하는 긍정적, 부정적 감정들을 기록했다. 그러고는 그들을 감기, 독감 바이러스에 노출시켰다. 그 결과 평소 부정적인 사고를 하는 사람들의 감염률이 훨씬 높게 나타났다. 또한 긍정적인 사람은 질병에 걸리더라도 부정적인 사람에 비해 그 증세가 미약했다.

미국 매사추세츠대학의 다린 도허티 박사는 이렇게 말했다.

"만성적인 분노는 고혈압, 당뇨병, 심장질환의 요인이 됩니다. 때문에 감정의 평화와 안정을 유지하는 것이 매우 중요하지요. 장기적 스트레스는 심지어 혼란, 기억력 장애, 알레르기, 궤양, 소화 장애, 불면증, 노화 촉진까지 야기할 수 있습니다."

스트레스가 심해지면 몸의 면역 기능이 떨어진다. 면역 기능은 균형 잡힌 몸의 상태를 파괴하려는 여러 가지 상황에 대처하는 체계다. 대표적인 면역 기능을 하는 게 백혈구다. 백혈구 세포들은 단지 외부에서 들어오는 세균을 죽이는 단순한 역할만 하는 것이 아니다. 2009년, 대한진단검사의학회에 따르면 백혈구는 외부에서 들어오는 단순한 외부물질인 병원균, 바이러스, 기생충, 곰팡이 등과 꽃가루 같은 것들에도 면역체계를 작동시킨다. 또한 내부에서 일어나는 비정상적인 사고에도 반응하는데 종양이나 암세포들을 공격해서 세포들을 자살시켜 암 발생을 차단하는 역할도 한다. 그리고 바이러스 등에 감염된 세포를 다른 세포에 피해가 가기 전에 제거하는 역할을 한다.

그런데 심한 스트레스에 노출되어 마음이 아프게 되면 면역 기능이 떨어지게 된다. 다시 말해, 백혈구들이 제 기능을 못하게 되는 것이다. 그래서 질병에 그대로 노출되어 여기저기 몸이 아프게 되는 것이다. 따라서 건강하게 살기 위해선 무엇보다 스트레스, 즉 초조함, 두려움, 분노, 억울함, 우울 같은 부정적인 감정들을 그때그때 해소하는 것이 가장 좋다. 이런 부정적인 감정들이야말로 질병을 끌어당기는 자석이기 때문이다.

중년은 인생의 허리에 해당한다. 지금 무너지면 남은 인생의 미래가 불행하다 못해 암담하다. 따라서 마흔 고개를 넘어서면 스스로 가정과 사회에서 생기는 스트레스로부터 자신을 보호하기 위한 나름의 방법을 터득해야 한다. 독서, 여행, 대화, 사색, 운동 등을 통해 스트레스를 해소하여 남은 인생을 주도적으로 끌고 갈 에너지가 생겨나도록 해야 한다.

문득 이순복 시인의 시 '흔들리는 중년'이 떠오른다.

갈대들의 아우성에 가을 들녘이 어수선하다

흔들바람에 흔들춤 추는 갈대들의 모습에서
휘청거리는 너의 모습이 보인다

가치관과 자아(自我)의 흔들림 바로 세우려
흔들흔들, 비틀비틀
세월과 마주서서 엉킨 마음과 싸우고 있다

붉게 익은 저녁노을을 보아도
"아름답다"라고도
마음껏 외치지 못하는 너는 누구인가?

텅 빈 영혼만 가진
어설픈 중년의 여인일 뿐이란 말인가!

03

자존심을 버리고
자존감을 높여라

　마흔! 중년이라는 단어는 죽지 못해 사는 나이, 이대로 살 순 없고 다시 시작하기엔 늦었다 싶은 나이, 즉 어디 한 군데 아프지 않은 곳 없지만 부양해야 하는 부모와 아직 제 앞가림을 못하는 자식 틈에 낀 채 허덕이는 나이와 동의어다.

　마흔은 결코 인생을 마무리할 때가 아니다. 오히려 그동안 걸어온 길을 돌아보며 인생 후반전을 위해 새롭게 시작해야 하는 시기다. 그러나 대부분의 마흔은 실제로는 심리적, 신체적, 사회적인 변화에 적응하지 못해 좌절감과 우울감으로 아파하고 있다.

　"이번 정기 인사에서 후배가 먼저 승진했습니다. 평소에 그다지 친하진 않았지만 그냥 후배라 편하게 말 놓고 지낸 사이였는데, 이젠 저보다 직급이 높으니 남들 앞에서는 존댓말을 씁니다. 그래도 그 후배가 남들 앞에서 저를 칭할 때 '김 과장님' 이렇게 불러줘야 하는 거 아닌가요? 그런데 후배는 '이건 김 과장이 하세요' 이런 식으로 말합니다, 정말 속상합니다. 저의 자격지심인가요? 후배가 먼저 승진하니 정말 회사 사람들 보기도 그렇고, 제 자신이 한없이 초라합니다."

한 중견기업에서 과장으로 근무하는 J의 하소연이다. 그는 이제 회사에 나가는 것이 정말 죽기보다 싫다고 말한다. 허물없이 지낸 후배가 자신보다 앞서 승진한 것에 회사 사람들의 눈도 신경 쓰이고, 무엇보다도 스스로의 자괴감 때문에 고통스럽다. 가장 힘들게 하는 것은 '나는 그동안 뭐했나?' 하는 생각이 들 때다.

나는 J의 심정을 백번 이해하고도 남는다. 나 역시 그와 같은 일을 왜 안 당해봤겠는가. 후배가 먼저 승진하고, 동료들 앞에서 어린 상사에게 책망을 들을 때 자존심은 그야말로 바닥으로 떨어진다. 마음 같아선 그 후배의 멱살을 잡고 힘껏 흔든 뒤 당장 사표를 내던지고 싶지만 어디까지나 마음뿐이다. 그렇게 할 수 없는 현실이 더욱 나 자신을 괴롭힌다.

더구나 집에 가도 남편으로서 혹은 아버지로서 가족에게 인정이나 존중을 받는 것도 아니다. 아내는 입만 열었다 하면 더 넓은 평수로 아파트를 옮긴 친구나 승진한 친구의 남편 얘기, 더 큰 배기량으로 자동차를 바꾼 친구 이야기로 속을 뒤집는다.

위로받고 싶은 마흔 벼랑 끝에 꿈을 세워라

물론 그럼에도 친구들 남편보다 직급도 낮은 데다가 월급이 적은 탓에 아내에게 아무런 대꾸도 못한다. 그저 아내 앞에서 자존심이 엉망으로 구겨질 뿐이다.

아이들은 또 어떤가? 하루 종일 격무에 시달리다가 늦은 시각에 퇴근해도 아이들은 나와보지도 않은 채 문만 빼꼼히 열고는 형식적인 투로 인사를 건넨다. 그 순간 과연 저 녀석들이 내자식 맞나, 하는 의심마저 든다. 아버지를 아버지로 존중해주지 않는 자식들을 위해 자존심 상해가며 뼈 빠지게 일할 필요가 있을까, 하는 생각도 스친다.

어디 그뿐인가? 종종 아파트 주차장에 들어설 때 옆자리에 외제차가 주차되어 있으면 괜스레 공허해진다. 나처럼 직장생활을 하다가 창업해서 잘나가는 친구들 소식을 들으면 왠지 모르게 부아가 치민다. 이외에도 자존심이 상하는 일들은 헤아릴수 없이 많다.

그러나 중년에 접어든 지금, 자존심을 버려야 한다. 자존심이라는 말은 남에게 자신의 뜻을 확고히 세워 굽히지 않는 것을 뜻한다. 그래서 자존심을 가질수록 누구도 아닌 나 자신만 외로워지고 힘들어진다. 안 그래도 집에서나 회사에서나 내 숨통을 조여오는데, 스스로를 벼랑으로 내몰 필요가 있을까.

힘들수록 자존심을 버리고 자존감을 높여야 한다. 자존감은 '자신이 사랑받을 만한 가치가 있는 소중한 존재이고 어떤 성과를 이루어낼 만한 유능한 사람이라고 믿는 마음'을 말한다. 따라서 자존감이 높은 사람은 동일한 상황에서도 시련과 역경을 딛고 일어선다. 다시 시작하는 힘의 원천이 바로 '자존감'이다.

나이가 들어도 자존감이 높은 사람은 절대 자괴감에 빠지지 않는다. 타인과의 비교 자체를 하지 않기 때문이다. 그 대신 자신이 가진 재능과 능력으로 더 나은 삶을 살기 위해 고군분투한다. 비록 겉으로 보이는 상황들만 보면 바닥으로 떨어졌거나 벼랑에 내몰렸지만 그럼에도 인생 2막에 대한 희망을 놓지 않는다. 오히려 지나온 시간과 경험들을 소중히 생각하면서 그동안 열심히 노력해서 이뤄놓은 업적들을 가치 있게 여긴다. 그리하여 결코 자신의 인생이 헛되지 않았음을 깨닫는다.

일본식 수제 삼각김밥 전문점 '오니기리와 이규동' 가맹 사업을 성공시킨 이명훈 대표가 있다. 그는 연달아 두 차례나 전혀 다른 분야의 프랜차이즈를 성공시킨 인물이다. 나는 그의 성공 스토리를 접하면서 자존심을 버리고 자존감을 높일 때 분명 성공할 수 있다고 확신했다.

3대 독자로 태어난 그는 대학교 시절에 일찍 결혼을 했다. 그런데 4학년 때 아버지 사업이 부도나면서 집안이 무척 어려워졌다. 모든 상황이 절망적이었다. 그때 아이들의 돌 반지를 팔아 작은 월세를 얻어 살면서 '무조건 돈을 벌어야겠다'는 생각을 하게 되었다.

그때 대학 선배로부터 자신의 회사로 오라는 제안을 받았다.

그는 그저 미국 회사라고만 알고 갔는데 알고 보니 브리태니커 백과사전 세일즈 회사였다. 도서 세일즈에 대해 아무것도 몰랐지만 오로지 돈을 벌기 위해 최선을 다해 일했다. 그 덕분에 훗날 회사에서 크게 인정받을 수 있었다. 당시 좋은 직장이었던 한전에 다니는 친구가 월급 9만 원을 받을 때 그는 180만 원을 받았을 정도였다.

그가 한번은 김우중 전 대우그룹 회장을 만나기 위해서 새벽에 집 앞으로 찾아간 적이 있었다. 하지만 김 회장을 만날 방법이 없었기에 한 가지 꾀를 생각해냈다. 벨을 눌러 중앙정보부에서 나왔다고 거짓말을 한 것이다. 그렇게 집에 들어간 그는 김 회장에게 솔직히 얘기를 했고 여지없이 뺨을 맞았다. 물론 뺨을 맞긴 했지만 백과사전을 파는 데에는 성공했다.

그 역시 처음 사업을 시작할 때는 남들처럼 숱한 시련이 있었다. 신성 E&G 그룹에서 만든 신성 C&G라는 회사의 대표이사를 하다가 그는 직접 회사를 인수했다. 그런데 IMF 외환위기를 이기지 못하고 부도가 나고 말았다. 그때 그는 죽고 싶을 만큼 괴로웠다. 세상에서 자신이 제일 똑똑하고 잘나가는 사람이라 생각하며 살았는데 하루아침에 서울역 노숙자로 전락해 있었던 것이다.

하루는 자신의 비참한 삶을 마감하기 위해 소주 다섯 병과 농약을 사서 산에 올라갔다. 하지만 그는 끝내 죽을 용기가 없어 자살을 포기했다. 그는 '죽을 용기로 죽기 살기로 해보자'라는 각오로 산을 내려왔다. 그리고 죽을힘을 다해 재기에 성공했다.

지인들의 투자를 받아 처음 시작한 것은 다이어트 방이었다. 그런데 콘셉트 자체가 생소하다 보니 생각처럼 운영이 잘 안 되었다. 결국 1년 만에 사업을 접고 실의에 빠져 있는데, 그때 우연히 몇몇 여자들의 이야기를 듣게 되었다. 피부관리는 있는 사람들만 받는 것이라는 내용이었다. 그때 '아! 이거다' 하는 생각이 들었다. 그는 대한민국 여성들이 모두 피부관리를 받을 수 있도록 하자는 생각으로 저가형 피부관리숍을 생각해냈다. 그리고 곧장 실행에 옮겼다. 저가형 피부관리숍이었지만 인테리어는 고급으로 했다. 그런데 얼마 지나지 않아 입소문을 타고 가게는 대박이 났다. 그것이 바로 '이지은의 레드클럽'이다.

그는 자신의 영업 비결에 대해 이렇게 말했다.

"사업이든 영업이든 한 가지 공통된 노하우가 있다. 바로 부지런함이다. 특히, 영업은 정말 입으로 하는 게 아니라 발로 하는 것이다. 나는 고객을 만나기 위해서라면 수단과 방법을 가리지 않았다."

만일 이 대표가 스스로를 가치 있게 생각하는 자존감 대신 사업 실패로 노숙자 신세가 된 자신을 하찮게 여기는 자존심만 가졌었다면 지금쯤 그는 어떤 인생을 살고 있을까? 분명 그는 여봐란듯이 재기도 못했을 테고, 비참한 삶을 살아가고 있을 것이다.

그렇다. 인생은 마음먹기에 달렸다. 안 그래도 힘든 나를 더욱 외롭게, 힘들게 하는 자존심을 내려놓고 자존감을 가져야 한다. 그럴 때 고개 숙인 나에게 다시 시작할 수 있는 희망을 줄 수 있다.

나이가 들수록 억울해도 아래위로 부딪치지 말아야 한다. 사람들과 조화롭게 살아가야 한다. 그런 태도에서 사람들로부터 가치를 인정받거나 존중받는 품격이 나오기 때문이다. 아무리 잘나가더라도 품격이 결여되어 있다면 절대 사람들에게 인정이나 존중을 받을 수 없다. 오히려 보이지 않는 곳에서 흘러나오는 뒷말만 무성하게 들을 뿐이다.

나이가 들수록 몸에 집착하는 사람들이 많다. 이는 마음이 아프다는 증거다. 약하고 상처받는 존재임을 인정하고 마음의 부담에서 벗어나야 한다. 그리고 화려했던 과거는 잊고 인생 2막을 새롭게 시작할 각오를 다져야 한다.

내가 즐겨하는 말이 있다.

"자존심은 내일이 오는 것에 대한 두려움을 가져다준다. 그러나 자존감은 내일에 대한 희망을 가져다준다. 자존심은 자괴감을 갖게 하지만 자존감은 자족감을 갖게 한다."

자존감이 낮은 사람들의 공통점은 바로 자존심이 강하다는 것이다. 그래서 타인의 사소한 말에 쉽게 상처를 받고 버럭 화를 낸다.

자존심을 버려라. 나이가 들수록 기대되는 사람, 행복한 사람으로 살기 위해 자존감을 높여라. 자존심을 붙들고 마흔을 살아간다는 것은 스스로를 고립무원으로, 절벽으로 내모는 것과 같다.

자, 지금 당장 스스로에게 물어보자.

'나는 자존심이 강한 사람인가, 자존감이 높은 사람인가?'

04

중년의 치명적인 약점,
총알이 없다는 것

자연 세계에서는 예외 없이 수컷이 암컷보다 더 화려하다. 이 차이가 얼마나 컸던지 이명법(생물 분류법)을 창안한 칼 폰 린네는 칙칙한 잿빛 오리와 갈색과 파란색이 섞인 아름다운 오리를 다른 종으로 분류했다. 그러나 나중에 두 오리는 같은 종의 암 컷과 수컷으로 밝혀졌다. 진화론은 이처럼 자연 세계에서 수컷 이 암컷보다 더 화려한 것은 '우수한 유전자를 가졌다'는 사실을 암컷에게 보여주기 위해서라고 설명한다.

하지만 인간 세계에서는 어떨까? 아내가 남편보다 더 강하다. 결혼 후 자녀가 생기는 등 시간이 갈수록 아내의 목소리가 커지고 영향력이 확대된다. 그나마 남편은 밥벌이를 할 때 제법 목소리에 힘이 들어가지만 더 이상 밥벌이를 할 수 없는 40, 50

대 즈음이면 집안에서 잉여 인간 신세가 되고 만다. 그래서 나는 세상에서 가장 비참하면서 슬픈 단어가 '잉여 인간'이라고 생각한다.

종로구에 위치한 한 화랑에서 전시회가 열렸다. 그 전시회에 유독 내 시선을 잡아끄는 사진 한 점이 전시되어 있었다. 책 한 권이 책상 모서리에 반쯤 걸쳐 가까스로 균형을 잡은 채 세워져 있는 작품이었다. 그 책 위에 동그란 양파가 있고, 그 위에 숟가락이 놓여 있다. 살짝 건드리기만 해도 그대로 무너져버릴 것처럼 위태로운 모습이다.

그곳에는 고무줄을 실타래처럼 말아서 만든 공 모양의 작품도 있었는데, 사각형 기둥 모서리에 아슬아슬하게 걸쳐 있다. 약한 바람만 불어도 곧 밑으로 떨어질 듯해서 보는 이의 마음이 다 조마조마해질 지경이다.

각기 다른 모양을 하고 있는 이 작품들의 주제는 아니나 다를까 '불안'이다. 나는 이 작품들을 보면서 어떻게 이런 것들을 작품으로 표현해냈을까 하는 생각이 들었다.

김시연 조소작가는 작품에 대해 이렇게 말했다.

"생활 속에서 흔히 볼 수 있는 재료들을 위태롭게 표현했습니다. 우리 삶의 불안한 모습을 나타내려고 했지요. 녹차가 가득 찬 컵이 책상 모서리에 걸쳐 있는 작품이 있습니다. 균형을 잡고 있어서 컵 속의 녹차는 잔잔하고 평온해 보이지만, 작은 충격에도 균형을 잃고 책상 아래로 쏟아져버립니다. 우리 삶이 그토록 불안정합니다. 우리 삶이 다양하듯 성공에도 여러 형태가 있을 터인데, 우리 모두는 한 가지 형태, 즉 경제적 성공에만 모든 가치를 부여하고 있습니다. 그 결과 경제적 성공을 이루지 못하면 삶에 대한 불안을 느끼게 되지요."

어쩌면 위태롭게 자신을 표현하고 있는 작품들과 동시대의 중장년층들은 사뭇 다르지 않다는 생각이 든다. 대부분 좌절하고, 흔들리고, 위태롭게 서 있다. 그런 가운데 가족들에게 자신의 치명적인 약점을 들키지 않으려고 안간힘을 쓴다.

과거의 40대는 더 이상 바랄 것이 없을 만큼 잘나가는 존재였다. 직장에서도 안정된 위치를 차지하였고, 사회에서도 인정받았으며, 가정에서도 집을 넓히고 중형 세단도 장만하는 등 인생의 황금기를 누렸다.

하지만 지금의 40대는 죽지 못해 산다는 표현까지 나올 만큼 경제적 빈곤의 고통을 겪고 있다. 깡통 집만 안고 있는 하우스 푸어가 많다. 교육을 위해 아내와 자녀를 외국으로 보내고 혼자 생활하는 '기러기 아빠'도 많다. 이들은, 막막한 현실은 둘째로 치더라도 노후 준비가 전혀 되어 있지 않기에 눈앞이 깜깜하다. 불꽃처럼 활활 타올라야 할 인생의 절정기에 불안을 안고 사는 것이다.

대부분의 중년 남자가 기를 펴지 못한 채 납작 엎드려 사는 것은 치명적인 약점 때문이다. 바로 돈, 즉 총알이 없다는 것이다. 돈이 없으면 개털이나 다름없다. 게다가 과거 40대에 비해 경제력 부족이 더 빨리 노출되었다. 나이가 들수록 집안의 통제권을 갖고 있는 아내의 영향력은 커지는 데 반해 남편의 경제력은 추락한다. 그런 이유로 마흔이 지나면서부터 아내 및 자녀와의 갈등으로 힘들어지는 것이다.

사실, 경제력 때문에 남편이 힘든 것만큼 아내 역시 힘들기는 마찬가지다. 한 통계에 의하면 요즘 구조조정으로 직장에서 조기 퇴직한 남편들이 늘자 아내들 가운데 '은퇴 남편 증후군'에 시달리는 이들이 늘었다. 남편은 갈 곳도, 오라는 곳도 없으니 하루 종일 집 안에 있어야 하고 그에 따라 가사에 참견하는 횟수가 잦아졌다. 자연히 아내들이 심한 스트레스를 겪는다.

일본에서는 중년 이후의 거추장스러운 남편을 가리켜 '누레 오치바(젖은 낙엽)'나 '소다이 고미(대형 쓰레기)'라는 용어까지 생겨났다고 한다. 일본의 아내들에게 누레 오치바가 있다면, 한국의 아내들에겐 무시무시한 곰국이 있다.

한국에서 은퇴한 50~60대 남자들이 가장 두려워하는 게 곰국이라고 한다. 아내들이 가장 싫어하는 것은 은퇴한 남편이 종일 집안에 있으면서 아침, 점심, 저녁 삼시 세끼를 꼬박꼬박 챙겨달라고 말하는 것이다. 그래서 일부 아내들은 곰국을 한 솥 가득 끓여놓고 외출하거나 여행을 간다. 즉, 곰국이나 데워 먹으면서 집이나 잘 지키라는 뜻이다. 오죽했으면 이사 때 혹시

자기만 떼어놓고 갈까 봐 이삿짐 실은 트럭 앞좌석에 애완견을 안고 먼저 자리 잡는 퇴직 남편들이 늘었다는 우스갯소리까지 있을까.

지인 H의 이야기다. 그는 직장에서 구조조정을 당한 후 2년 만에 아내와 이혼하고 말았다. 그렇다고 그가 다른 여자와 바람을 피웠거나 도박 등으로 아내를 힘들게 한 것도 아니었다. 더 이상 밥벌이를 못 하고 그렇게 생활이 어려워지면서 불화가 잦았고 결국 두 사람이 갈라서게 된 것이다.

그는 "더 이상 살고 싶은 생각이 없다"며 매일 술에 의지한 채 점점 삶의 의욕을 잃어가고 있다. 월 260만 원 가량의 월급에서 절반에 가까운 돈을 두 아이의 양육비로 전처에게 보낸다. 더 서글픈 것은 아이들을 언제 보았는지 기억이 가물가물하다는 것이다.

아이가 보고 싶어 전화를 걸면 전처는 "아이들이 당신을 보고 싶어 하지 않는다"는 이유를 들어 아이들과의 만남을 가로막는다. 얼마 전에는 아이들이 너무나 보고 싶어 전처 집을 찾아갔지만 문을 열어주지 않았다. 화가 난 그는 소리를 지르고 현관문을 발로 차는 등 소란을 피우다 전처의 신고로 지구대에 끌려가기도 했다. 전처는 이를 빌미로 법원에 접근금지명령을 신청하여 아예 그의 접근 자체를 차단했다. 분노와 좌절감과 우울증에 시달리고 있는 그는 현재 사람들과의 만남을 피한 채 오직 술만 의지하고 있다.

나는 그를 볼 때마다 정말 안타까운 마음이 가득하다. 그 역시 직장에서 정년퇴직 때까지 일하면서 처자식을 건사하고 싶었을 것이다. 하지만 본인이 회사를 운영하지 않는 이상, 회사가 어려워지면 구조조정이 단행되게 마련이고 누군가는 정든 회사를 떠나야 한다. 그러니 갈수록 경기가 나빠지는 상황에서, 남의 회사에 기대어 밥벌이를 하고 있는 직장인들은 파리 목숨이나 다름없다. 언제 구조조정 등의 파리채에 맞아 죽을지 알 수 없기 때문이다.

요즘 중년들을 만나서 얘기를 나누다 보면 다들 돈이 없어 죽겠다고 난리다. 아이들 유학비, 생활비, 대학 등록금, 대출금, 공과금, 부모님 용돈 등 한창 들어가야 할 곳들은 많은데 월급은 한정되어 있고, 그마저도 언제까지 나올지 알 수 없는 노릇이다. 그래서 요즘 로또복권 추첨하는 토요일만 기다리며 산다는 이들도 있다. 로또복권에만 당첨되면 모든 돈 문제가 해결되리라는 마지막 희망을 붙잡고 있는 것이다.

남자는 마흔이 지나면 갈 곳도, 오라는 곳도 없어진다. 경제력이 없으니 이빨 빠진 호랑이 신세에 지나지 않는다. 하지만 여자 나이 마흔은 아직 한창이다. 마음만 먹으면 갈 곳도, 오라는 곳도 많다. 그러니 더 이상 남편 눈치 보며 생활비를 타 쓰기보다 당당하게 벌어서 아이들 가르치고 생활하겠다고 마음먹는 아내가 늘고 있다.

위로받고 싶은 마흔 벼랑 끝에 꿈을 세워라

부장으로 있는 K는 전업주부일 때와는 현저히 달라진 아내의 행동을 보며 자신이 달라지지 않으면 언제든지 이혼당할 수 있다는 위기의식을 느꼈다. 사실, 중년의 나이에 이혼하는 것만큼 두렵고 위험한 것도 없다. 여자는 혼자서도 밥하고 빨래하고 가족이나 친구들과 어울리면서 얼마든지 생활할 수 있지만 남자는 그럴 수 없다. 그동안 직장생활만 했기에 밥과 빨래 어느 것 하나 혼자 제대로 할 수 있는 게 없다. 게다가 느는 것은 술이고 전혀 자기관리가 되지 않으니 안 그래도 좋지 않은 건강은 더욱 나빠지게 마련이다. 그래서 이혼한 중년 남자들이 여자들에 비해 다양한 질병에 노출될 뿐 아니라 수명이 짧은 것이다.

오늘도 K는 주말이면 '방콕' 아니면 지인들과 골프장을 다니던 예전과 달리 아이와 아내 곁을 맴돌며 관심을 끌기 위해 안간힘을 쓰고 있다.

05

고민과 방황은
내가 살아 있다는 증거

대학 동창 셋이서 오랜만에 술잔을 기울였다. 30대 후반 때까지만 해도 모이면 서로 마셔라, 부어라 했지만 지금은 그렇지 못하다. 저마다 무거운 현실의 짐을 지고 있는 터라 걱정들이 앞선 것 같다. 쓴 소주잔이 몇 순배 돌자 술기운에 다들 넋두리를 몇 마디씩 내뱉는다.

"지금 하고 있는 일을 언제까지나 할 수 있는 것이 아니라서 요즘 고민이 많다. 마누라는 드렁드렁 코를 골며 잘도 자는데 나는 누워도 도무지 잠이 오질 않는다."

"아, 앞으로 뭘 먹고 살아야 할지 앞이 깜깜하다. 지금부터라도 공인중개사 공부라도 해야 되는 게 아닌지 고민이다."

저마다 지금 하고 있는 일은 다 달라도 비슷한 고민을 안고 있다. 그래서 이들과 술잔이라도 기울일 때는 동병상련이랄까, 풍전등화 같은 서로의 처지를 이해하기 때문인지 그나마 위안이 된다.

남자는 중년이 되는 순간 내면에서 시린 바람이 분다. 현실과 미래에 대한 고민과 방황으로 흔들리는 것이다. 평균수명이 길어짐에 따라 중년의 나이대도 조금씩 달라지고는 있지만, 어쨌든 불안감, 위기감을 느끼는 시기인 것은 마찬가지다. 노년의 길목에 곧 들어설 것이라는 생각에 초조해지는 게 사실이다.

주위에는 고민과 방황으로 힘들어하는 중년이 태반이다. 중소기업에서 과장으로 있는 J는 혼자 자주 상념에 잠긴다. 퇴근 후 홀로 술을 마시거나 북카페에서 '인생'에 대한 주제의 책을 들여다보기도 한다. 그러다 주말이면 혼자서 훌쩍 여행을 떠난다. 현실이 힘들더라도 잘살기 위해 스스로 건강을 잘 챙겨야 하지 않겠느냐고 말한다. 어떻게 보면 동시대를 사는 비슷한 나이대의 사람으로서 삶을 산다기보다는 견디고 있다는 느낌이 든다.

전자제품을 생산·판매하는 한 대기업의 상무 T는 30대에 이미 능력을 인정받아 이사로 초고속 승진한 신화의 주인공이다. 현재 마흔 중반의 교사 아내와 중 3, 중 1의 아들 둘을 두고 남부럽지 않게 살고 있다.

사회적으로 명예를 얻었고 회사에서 두텁게 신임을 받고 있는 터라 잘릴 염려도 거의 없다. 알뜰한 아내 덕분에 재산도 어느 정도 모은 데다가 아내가 교사라 경제적으로도 여유가 있다. 그런 그에게 직장 동료들과 친구들은 은근히 부러움의 눈길을 보낸다. 그러나 그는 어느 날부턴가 인생이 허무하다는 생각이 들기 시작했다.

'도대체 내가 지금 하고 있는 일이 나 자신에게 무슨 의미가 있지? 텔레비전, 냉장고 한 대 더 팔기 위해 안간힘을 쓰며 사는 삶이 덧없게 느껴진다. 그렇다고 우리 회사가 판매하는 제품이 다른 회사에 비해 월등한 것도 아니고…… 물론 판매 실적이 높으면 내 자리를 몇 년 더 보전할 수도 있겠지. 하지만 그 외에는 아무런 의미를 찾지 못하겠다. 이게 내가 원했던 인생일까? 이런 의문을 넘어 지금 하고 있는 일에서 그 어떤 의미나 보람을 느낄 수가 없다. 정말 지금 마음 같아선 이것저것 가리지 않고 다 때려치우고 어디론가 떠나버리고 싶은 심정이다.'

아내는 그런 그를 보며 두 번째 사춘기가 왔다며 최대한 배려해주는 눈치다. 하지만 그는 그런 아내의 배려조차 신경이 쓰인다. 그는 지금껏 자신이 원하는 삶을 한 번도 살아보지 못했다는 후회와 회한이 걷잡을 수 없는 파도처럼 밀려온 것을 감당하기 힘들었다.

학창 시절 글을 잘 써서 백일장에서 여러 번 상도 탄 그는 국문과에 진학해서 소설가가 되는 것이 꿈이었다. 하지만 당시 글쟁이가 되면 밥을 굶는다는 부모님의 반대에 꿈을 접고 말았다.

결혼한 뒤에는 회사에서 인정받기 위해 헌신하다시피 일했

위로받고 싶은 마흔 벼랑 끝에 꿈을 세워라

다. 물론 그 과정에서 능력을 인정받아 동료들에 비해 초고속 승진도 할 수 있었다. 그런데 지금은 마음 한구석에서 '내 인생인데 내 뜻대로 살지 못했다'라는 회한의 바람이 불어온다.

그가 방황하기 시작하면서 아내와 부딪히는 일도 잦아졌다. 아내는 결혼한 이래 지금까지 한 번도 겪어보지 못한 그의 모습에 황당해하면서 이해를 못했다. 그럴수록 그는 외롭다 못해 고통스러웠다. 그런 고독감을, 텅 빈 가슴을 술로 달래곤 한다.

그는 자주 입버릇처럼 말했다.

"내 인생은 이게 아닌데…… 이제부터라도 정말 온전히 나를 위해서만 살고 싶다."

마흔 언저리 세대가 겪는 고뇌와 불안은 '마흔'이 제목으로 들어간 책들이 2, 3년 전부터 출판계의 스테디셀러로 자리 잡았다는 사실에서도 짐작할 수 있다. 지금도 여전히 마흔들을 겨냥한 책들은 봇물처럼 쏟아지고 있다.

중년이면 직장에서도 가정에서도 허리와 같다. 그런데 이런 그들이 인생의 모드 전환을 위해 마흔 고개를 지나면서부터 고민과 방황의 몸부림을 친다. 그렇다고 이런 흔들림이 얼마나 실질적인 삶의 변화를 이끌어낼지는 알 수 없다. 그래서 더욱더 답답하고 막막하기만 하다.

자영업을 하고 있는 P의 말이다.

"요즘 들어 부쩍 나는 이방인이 아닌가, 하는 생각이 들어요.

기분이 들쭉날쭉하고, 작고 사소한 문제에도 민감해지고 우울해집니다. 몇 년 전 부모님 돌아가셨을 때도 눈물 꾹 참고 있었는데, 요즘에 와서는 정말 혼자 술잔을 기울이거나 나와 비슷한 처지를 다룬 드라마를 보고 있자면 나도 모르게 눈물을 흘려요."

나 역시 P와 다르지 않다. 집에서 아내의 사소한 말 한마디에 섭섭해지고, 우울해진다. 이는 나이 먹어가면서 나 스스로 사회적 입지뿐만 아니라 가정에서의 입지도 좁아지고 있다는 것을 알기 때문이다. 나 스스로 나의 현주소를 직시한다는 것만큼 외롭고, 아프고, 힘든 일이 또 있을까.

문득 『성경』에 있는 말이 떠오른다.

'수고하고 무거운 짐 진 자들아 다 내게로 오라 내가 너희를 쉬게 하리라.'

정말 할 수만 있다면 예수에게 나의 무거운 짐들을 다 맡기고 싶다. 그래서 현실의 무거운 질곡에서 잠시라도 벗어나고 싶다.

그런데 인생의 고통스런 전환기가 왜 굳이 중년 언저리여야 하는 것일까? 의학 발달에 의한 생물학적 수명 연장이 현대인의 생애에 '제2의 사춘기'를 불러들였다는 의견도 있다. 하지만 기대수명이 100세에 근접한 상황에서 나이 마흔은 기껏해야 근로 가능 수명의 3분의 1을 넘긴 시점에 불과하다. 사회학자 김정훈 박사는 "문제는 생물학적 수명 변화가 아니라 사회 시스템에 있다"라고 말한다.

위로받고 싶은 마흔 벼랑 끝에 꿈을 세워라

그렇다. 만일 지금의 경제 상황이 1990년대 후반 외환위기 이전처럼 양호한 시기였다면, 쉰이 다 되었거나 넘어서야 지금 중년이 겪고 있는 고민을 할 가능성이 높다. 이는 시대를 잘못 타고난 운의 문제가 아닌 사회 구조적인 문제다. 따라서 중년들이 고민하고 방황하면서 흔들린다고 절대 그들을 비난해서는 안 된다. 지금 누구보다 가장 힘든 사람은 바로 허리, 그들이기 때문이다.

한 통계에 의하면, 마흔을 넘긴 퇴직 샐러리맨의 상당수가 새로운 인생을 시작하기 위해 외국계 생명보험회사에 입사했는데 1년 뒤 살아남은 이들은 40퍼센트가 채 안 된다고 한다. 한 관계자는 이렇게 말했다.

"창업과 달리 대규모 자본을 투입하지 않고도 고소득을 보장받을 수 있다는 점을 노리고 30, 40대 퇴직자들이 몰리지만 대부분 1년을 버티지 못하고 이탈하는 상황입니다."

지난해 이 회사의 평균 입사 연령은 38세였다. 이젠 마흔도 젊지 않은 나이라는 것이다. 창업 전선의 40, 50대가 겪는 생존의 고통은 말로 다 표현할 수 없다. 아플 수도 없는 마흔이라는 말이 딱 들어맞는다.

지금 아파하는 이들은 거의가 인지하지 못했다. 마치 따뜻한 냄비 속의 개구리처럼 그 온기에 취해 뜨거워짐을 느끼지 못했다. 곧 닥칠 위기의 본질에 둔감했던 것이다. 어느새 물이 뜨거워지는 것을 느꼈을 때는 이미 기회를 놓친 것이다.

지금 내가 좌절하고 방황한다는 것은 아직 냄비의 물이 끓어 오르지 않았다는 의미다. 따라서 지금부터라도 머리가 아닌 가슴이 시키는 대로 살아야 한다. 그동안 머리가 시키는 대로 살았기 때문에 갈수록 늪에 빠지는 인생이었다. 하지만 가슴이 시키는 대로 산다면 어떤 인생을 살더라도 비로소 희망이 보일 것이다.

지금 내가 하는 고민과 방황은 어쩌면 더 나은 인생 2막의 초석을 다지기 위한 것이 아닐까. 고민과 방황 없는 성장은 불가능하니 말이다.

박경철 저자가 『시골의사 박경철의 자기혁명』에서 한 말이 나의 아픈 마음을 어루만져준다.

'모든 방황에는 의미가 있다. 지금 이 순간 우리가 고민하며 방황하고 노력하는 것은 바른 길을 찾기 위한 여정이다. 인생은 고민의 연속이지만 그래도 계속 방황하며 노력하는 것, 주저앉지 않는 것, 그것이 바로 나의 삶을 증명하는 유일한 길이다.'

06

마흔은
인생의 한 페이지일 뿐이다

"지금까지 죽어라 앞만 보고 달려왔다. 이런 나에게 남은 건 도대체 뭔가 싶다."

"삶에 아무런 낙도, 재미도 없다. 지나온 인생은 허무하고 앞으로 남은 인생 어떻게 살아야 할지 막막하기만 하다."

"더 힘들고 괴롭게 하는 것은 희망이 안 보인다는 것이다."

사회의 허리이면서 가정의 허리인 중년⋯⋯. 그런데 현실적으로는 힘들게 쌓아온 것들을 하나씩 급격하게 잃어가는 시기다. 무섭게 치고 올라오는 후배들 때문에 설 자리마저 위태로워진 중년들의 마음속에는 '그동안 내가 어떻게 살아왔는데⋯⋯' 하는 억울함이 가득하다. 게다가 앞으로 잃어갈 것들에 대한 두려움은 눈덩이처럼 커져간다.

117

이 시대의 중년 남성들은 벼랑 끝에 내몰려 있다. 아무리 고민하고 또 고민해보지만 속 시원한 답을 찾지 못한 채 그들은 가슴으로 소리 없이 울고 있다.

15년간 직장생활을 하다가 반년 전에 퇴직한 H는 퇴직 이후 극심한 우울증을 앓고 있다. 그는 오로지 회사 하나만을 바라보며 궂은일 마다하지 않고 성실하게 살았다. 그런 그에게 회사가 어렵다는 이유로 어느 날 갑자기 권고사직이 떨어졌다. 그동안 회사에 헌신한 자신을 이렇게 무심하게 내치는 회사와 투쟁해볼까 생각도 했지만 그런 자신이 너무 비참하다는 기분에 마음을 접고 순순히 회사를 떠났다.

그런데 막상 회사를 떠나고 보니, 그동안 누구보다 성실하게 살아온 그 모든 것들이 허무하게 느껴졌다. 여기에 벌써 사회에서 밀려났다는 패배감이 스스로를 더 힘들게 했다. 또한 회사의 일에만 전념해왔기에 다른 일을 새로 시작하자니 지레 불안감과 두려움이 엄습했다.

요즘 많은 중년 직장인이 직장에서 언제 잘릴지 몰라 불안해한다. 요컨대 '퇴직 스트레스'에 시달리고 있다. 한 설문조사에 따르면, 상사와의 갈등, 자신의 능력에 대한 한계에서 오는 스트레스, 언제 명예퇴직을 당할지 모르는 위기감을 직장생활의 3대 스트레스로 꼽았다. 그만큼 생존하기가 너무 힘들다는 뜻이다. 나아가 더 이상 가장으로서의 역할을 못하게 되면 한 집안의 가장이라는 위치에서 처자식도 책임질 수 없는 무능력자로 전락하고 만다.

'평생직장'이 보장되던 10여 년 전만 해도 40대는 그야말로 '인생의 황금기'였다. 그동안 한 직장에 몸담은 덕분에 해박한 업무 지식과 경험을 인정받아 가장 몸값이 높았다. 그래서 회사에서나 가정에서나 그 역할을 훌륭히 해왔다. 회사의 핵심 구성원으로서, 아버지로서, 남편으로서 존중과 대우를 받을 수 있었다.

그러나 지금은? 할 수만 있다면 30대에서 머물고 싶은 심정이다. 마흔이 되는 순간 퇴출의 공포로 가득한 암흑기의 터널에 들어서야 하기 때문이다. 그동안 제대로 쉬거나 놀아본 기억이 없을 정도로 치열하게 고군분투한 끝에 경제적, 사회적으로 어느 정도 탄탄한 기반을 쌓았다. 그리고 가장 왕성한 사회 활동을 하고 있다. 그런데 이런 시기에 그동안 쌓아놓은 것을 내려놓고 책상마저 빼야 하는 시기가 온 것이다.

문제는 직장에서 내쳐지는 것에 그치지 않고 일상생활에 사소한 부분까지 여러 변화가 생긴다는 점이다. 몸담고 있던 회사의 이름이 새겨진 명함도 떨어지고 더 이상 수입이 나오지 않는다. 아침마다 갈 곳이 없어지고 퇴근 후 술잔을 기울이는 것조차 먼 나라의 종소리처럼 아득하게 느껴진다. 그래서 어떤 일을 해도 심드렁해지고, 신경은 예민해진다. 이젠 인생이 끝났다는 생각에 악몽을 꾸거나 자다가도 벌떡벌떡 깨며 숙면을 취하지 못한다.

지인 중에 결혼생활 18년째인 R이 있다. 그는 때로 힘든 일이 있을 때마다 아내에게 내색하지 않고 혼자서 감내했다. 물론 마음 같아선 아내에게 털어놓고 기대고 싶은 마음이 간절했지만 아내가 어떤 반응을 보일지 몰라 번번이 생각에만 그쳤다.

지방대학을 졸업한 그는 대기업에 들어가 비교적 안정적인 직장생활을 했다. 지인의 소개로 만난 아내는 결혼과 동시에 직장을 그만두고 전업주부로 지내왔다. 부부는 부부싸움 한 번 하지 않고 화목하게 가정을 잘 꾸려왔다. 그래서 그들을 아는 이들은 잉꼬부부라며 질시를 보내곤 했다.

그런 부부가 서로 골이 깊어지기 시작한 것은 마흔이 되면서부터다. 회사에서 구조조정이 단행될 거라는 소문이 돌더니 그를 비롯한 간부가 구조조정 대상이 되어버린 것이다.

사실, 그는 너무나 억울했다. 다른 사람은 몰라도 직장에서 딱히 잘못한 일이 없었기 때문이다. 종종 상사가 부탁하는 사사로운 일까지 해주며 자신의 일을 누구보다 성실히 해낸 그였다.

그런데 1년 전부터 회사에서 밀리고 겉도는 느낌이었다. 이런 느낌이 적중했던 것일까. 그는 6개월 전 지금의 자(子)회사로 밀려나야 했다. 그렇다고 지금의 자리가 안전한 것도 아니다. 언제 잘릴지 위태위태하기만 하다. 그는 요즘 감기몸살로 온몸이 쑤시고 아파도 결근은커녕 퇴근 시간까지 자리를 꼭꼭 지킨다. 혹시라도 상사에게 미운털이라도 박힐까 봐 매사에 조

심하는 것이다. 이젠 상사의 눈치에다 부하직원 눈치까지 보며 산다.

이처럼 힘겹게 직장생활을 하고 있지만 이를 모르는 아내는 잘나가는 친구들의 남편과 비교해가며 자존심에 상처를 입히는 언사를 늘어놓는다. 그때마다 그는 언제 회사에서 잘릴지 모르는 자신의 처지를 아내가 모르고 있음을 떠올리며 꾸역꾸역 참아낸다.

그러나 그는 속 시원하게 고민을 털어놓을 상대도, 위안받을 사람도 없는 탓에 너무나 외롭고, 힘들고, 고통스럽다. 30대 때와는 달리 이제 체력도 많이 약해졌고, 사회적 위치도 불안한 만큼 사소한 일에도 잘 놀라고 예민해졌다.

그는 지금껏 죽을힘을 다해 공들인 모든 것이 한순간에 사라질지 모른다는 두려움을 지닌 채 하루하루를 버티고 있다.

사람은 누구나 불혹이라는 터널을 통과해야 한다. 이 터널을 잘 통과하느냐, 그렇지 못 하느냐에 따라 남은 인생이 결정된다. 그런데 안타깝게도 많은 중년이 자기 인생은 팽개친 채 오로지 가족을 잘 건사해야 한다는 의무감으로 '사오정', '오륙도' 대열에서 벗어나기 위해 안간힘을 쓴다.

그러나 기업의 속성상 안간힘을 쓴다고 해서 피할 수 있는 게 아니다. 이미 다른 젊은 피로 수혈을 결정한 상태라면 기존 인물을 내치는 것은 시간 문제다.

중년의 가장들은 신음조차 낼 수 없을 만큼 외롭고, 고통스럽다. 지금 내가 힘들고 초라하다는 것은 그만큼 정직하고 성실하게 인생을 살아왔다는 증거다. 그런 만큼 직업에서의 연륜과 경륜을 갖고 있다. 나는 그것을 인생의 '내공'이라고 말하고 싶다. 그 내공을 인생 2막을 위한 불쏘시개로 삼아야 한다. 누구나 통과해야 하는 중년의 시기를 가슴 뛰게 하는 인생을 위한 초석이 되도록 만들어야 한다는 말이다.

20세기 최악의 대통령으로 지목된 지미 카터 전 미국 대통령이 있다. 하지만 그는 퇴임 이후 세계 평화와 사회·경제 발전에 앞장섰다. 그에 대한 공로를 인정받아 노벨평화상도 수상했다. 그는 해비타트의 '사랑의 집짓기' 사업에 참여해 무료로 집을 짓고 고치는 일을 지금까지 해오고 있다.

그는 마흔 언저리에서 주저앉는 이들에게 "후회가 꿈을 대신하는 순간 우리는 늙는다"라고 충고했다. 그는 현재 아흔이 다 되어가는 나이임에도 자신이 좋아하는 일을 하며 시간을 보내고 있다.

그가 이처럼 성공적인 인생 2막을 보낼 수 있었던 것은 인생의 '하프타임'을 잘 활용한 덕분이다. 하프타임은 축구 같은 경기에서 전·후반 사이의 쉬는 시간을 말한다. 전반전에 점수를 내주더라도 하프타임을 잘 활용한다면 후반전에서 얼마든지 역전할 수 있다. 더 멋진 경기를 펼칠 수 있다는 말이다.

우리 인생도 축구 경기와 다르지 않다. 하프타임을 어떻게 보

위로받고 싶은 마흔 벼랑 끝에 꿈을 세워라

내느냐에 따라 인생 전후가 완전히 달라질 수 있다. 인생에서 가장 힘든 시기인 마흔은 그저 인생의 한 페이지일 뿐이다. 마흔이라는 인생의 한 페이지를 잘 넘겨야 한다. 그래야 쉰, 예순, 일흔…… 남은 인생의 페이지가 여유로워지고 즐거워진다.

07

초라하고 흔들리는
정직한 마흔

"저는 딸과 아들을 둔 50대 후반의 가장입니다. 딸은 결혼을 했고, 아들은 대학생입니다. 저는 25세 때부터 시작한 공무원 직을 그만두고 몇 년 전부터 개인사무실을 차려 운영하다가 법인으로 전환하여 일을 하고 있습니다. 나름대로 열심히 공부도 했고 주어진 삶에 대해 미리미리 준비하려고 많은 노력도 했지만 지금은 자녀 결혼 준비와 노후를 걱정해야 하는 입장입니다. 요즘 들어 부쩍 나 자신이 너무나 초라하게 느껴져 견딜 수가 없습니다. 그동안 최선을 다해 살아온 내 인생은 어디서 보상받아야 할까요?"

사실, 정직한 인생을 살아온 중년이라면 누구보다 더 초라하게 느껴지고 흔들리게 마련이다. 그래서 인생의 변곡점을 찍을

이 시점에 와서는 더없이 좌절하고 방황하는 것이다.

기대수명이 예상보다 빠르게 늘어나고 있다. 하지만 노후 준비를 제대로 못한 사람들에게 장수는 축복이 아닌 끔찍한 재앙이다. 한국보건사회연구원이 전국의 남녀 985명을 대상으로 '인생 100세 시대에 대한 국민인식'을 조사한 바 있다. 그 결과 100세까지 수명이 연장되는 것을 축복이라고 생각한다는 답변은 고작 28.7퍼센트에 불과했다. 10명 중 7명은 오래 사는 것을 반기지 않는다는 뜻이다.

대부분 노후 대비의 중요성을 잘 알고는 있지만 당장 은퇴 이후 생활에 대한 구체적인 대응 방안을 세우지 못하여 막연히 걱정만 하고 있는 게 지금의 현실이다. 40, 50대들과 얘기를 해보면, 하나같이 노후에 대한 걱정은 많지만 준비는 여전히 부실하다. 한 통계에 따르면 국민 10명 중 4명은 노후 대비를 못하고 있다고 한다. 하루 먹고살기조차 빠듯한 서민들에게 노후 준비는 사치에 불과하다.

윤석명 한국보건사회연구원 선임연구위원의 말이다.

"경제적으로 충분히 자립할 수 있는 상태가 아니라면 100세 시대를 재앙이라고 느낍니다. 특히 80세 넘어서 병치레로 자식에게 경제적 부담만을 줄까 많은 사람이 걱정하고 있지요."

은퇴 준비를 가장 어렵게 하는 요인은 다름 아닌 '자식들의 양육과 교육'이다. 한 설문조사 결과에 의하면 은퇴 준비 부족 원인에 대한 물음에 '자녀 양육비 및 교육비 지출 때문'이라고 응답한 비중이 55.3퍼센트로 절반이 넘었다. 자식을 건사하느라 허리띠를 졸라가며 살았건만 자식들 눈치 보느라 여생마저 허리 한번 펴지 못하고 살아야 하는 실정이다. 오죽하면 무자식이 상팔자라는 말이 중년들에게 회자될까.

40대 중반의 H 부장. 그는 적지 않은 연봉을 받고 있지만 집을 집값의 3분의 2가량 대출받아 장만한 탓에 대출이자와 카드값을 메우기에도 월급이 빠듯하다. 게다가 중학교에 다니는 아들의 수학 성적이 곤두박질치는 바람에 수학 과외를 시키느라 숨 쉴 틈이 없다.

"요즘은 정말 사는 게 사는 게 아닙니다. 아무리 벌어도 대출이자와 카드값을 내고 나면 개털이 됩니다. 더구나 아이 과외비까지 더 늘어나 투잡을 해야 하나, 고민입니다."

H 역시 다른 중년들과 마찬가지로 노후에 대한 막연한 불안감을 안고 있다. 하지만 허리띠를 아무리 졸라매도 빠듯한 형편 탓에 노후 준비에 대한 엄두를 내지 못하고 있기에 불안감은 더 크다.

지방대학에서 교수로 은퇴한 P 선배 부부는 딸 때문에 골머리를 앓고 있다. 30평대 아파트에 살고 있지만 수입이 하나도 없는 P는 생활비 충당을 위해 주택연금에 가입하여 매달 나오는 160만 원가량을 생활비로 충당하고 있다. 그런데 뒤늦게 이 사실을 안 딸과 사위가 왜 자신들과 상의도 하지 않고 마음대로 주택연금에 가입했느냐면서 항의한 것이다. 그러더니 심지어 매달 연금액 중 절반을 내놓으라며 언성을 높였다.

그는 어이가 없어서 딸과 사위에게 "우린 뭘 먹고 살란 말이냐?"라고 소리쳤다. 그런데 딸과 사위는 "노인네 둘이 무슨 돈이 그렇게 많이 필요해요?"라며 오히려 더 큰 소리로 대들었다. 충격을 받은 P는 요즘 심한 좌절감과 우울증에 빠져 있다.

지인 J는 암으로 투병하던 아내와 작년에 사별했다. 치밀하고 꼼꼼한 성격이던 아내는 투병 중에도 재산 상속 방법에 대해 남편 J와 상의해서 두 아들에게 섭섭지 않게 유산을 물려주었다. 부인은 그에게 상당한 현금이 들어 있는 별도의 통장을 남겨주면서 자식들에게 주지 말고 잘 쓰라고 거듭 당부했다.

아내가 세상을 떠난 후 자식들은 전에 없이 아버지에게 용돈도 주면서 따뜻하게 대해주었다. 그는 그런 자식들에게 많은 위안을 느꼈다. 그런데 시간이 지날수록 자식들의 태도가 달라지기 시작했다. 지금 살고 있는 집 명의를 자기들 앞으로 바꿔달라고 하질 않나, 돈을 빌려달라고 조르질 않나, 마치 두 아들이 경쟁하듯 돈 얘기를 하는 것이다.

두 아들이 돈을 빌려 갈 때는 이자를 주겠다는 등 거창하게 말했지만 이자는커녕 원금도 돌려주지 않았다. J씨가 돈을 돌려달라고 하면, "어차피 나중에 물려줄 돈 미리 준 셈 치세요"라며 뻔뻔스럽게 대꾸했다.

그는 요즘 모든 것이 혼란스럽기만 하다. 그동안 자식들에게 모든 것을 바쳤는데, 그 녀석들이 어떻게 이럴 수 있나, 하는 생각에 분통이 터진다. 그를 더 힘들게 하는 것은 '아내 없이 혼자 되었다고 무시하나?' 하는 자격지심이다. 이런 생각이 들 때마다 그는 사는 것이 서글퍼진다.

아파하고 힘들어하는 중년들을 보면 한 가지 공통점이 있다.

'가족만 생각하면서 정직한 인생을 살았다는 것, 딴짓을 하지 않고 충성하듯 직장생활을 했다는 것.'

너무나 정직하고 올곧게 살았기에 또 다른 인생의 변곡점인 중년에 심하게 흔들리는 것인지도 모른다. 때때로 옆길로 새보고 틈틈이 딴짓도 하면서 내 인생을 위해 살았더라면 지금처럼 극심하게 아파하거나 억울하다는 생각이 들지 않을지도 모른다. 그래서 나는 정직한 중년은 초라하고 흔들리는 게 당연하다고 생각한다. 그만큼 가족만 바라보며 치열하게 살아왔다는 뜻이니까.

다음은 인터넷에서 우연히 접한, 마흔을 앞두고 있는 이의 고민 글이다. 그 글을 읽으면서 나도 모르게 코끝이 시큰거리고 마음이 짠해졌기에 지면에 소개한다.

와이프는 외동딸입니다. 와이프와 사귀는 도중에 장인어른이 교통사고로 돌아가셨습니다. 건강하시던 분이 사고로 돌아가셨고 유일한 형제인 큰아버지 가족들도 캐나다로 이민을 간 상태여서 장인어른 장례식 때 일주일 휴가 내고 사실상 상주 노릇을 했습니다.

집안에 남자가 없어 결혼을 서둘더군요. 장모님은 우리가 모시고 살기로 했습니다. 당시 저에게 결혼 자금으로 7천만 원 정도 있었습니다. 이 돈은 비상금으로 통장에 넣어두었습니다. 결혼 후 장인어른 사시던 아파트에 들어가서 살기로 했습니다. 결혼할 당시에 와이프는 임용고시 준비를 하고 있었습니다. 결혼 후 3년 만에 합격을 했습니다. 와이프가 합격할 때까지 미루었던 일, 이제 아이를 낳아 행복하게 살아야겠다고 생각하고 있었습니다. 친구들의 아이를 보면 정말 부러웠거든요.

그런데 갑자기 장모님이 시름시름 앓더니 당뇨병에 걸리셨습니다. 몇 년 동안 정말 고생했습니다. 시력도 잃으시고 복막 투석 등 통장에 있던 돈 1억이 순식간에 날아가더군요. 당뇨병 정말 무서운 병입니다. 결국 오랜 기간 투병하시다가 장모님도 돌아가셨습니다.

장례식이 끝나고 나니 홀가분한 생각마저 들더군요. 그동안 시험 준비하는 와이프 뒷바라지며 장모님 병수발이며 사실 정상적인 부부생활을 한 것은 얼마 되지 않은 것 같습니다. 혼자 남은 와이프에게 더욱 잘해주겠다는 생각만 했습니다. 저는 38세, 와이프는 34세. 아이들 가지기에는 조금 늦기는 했지만 이제라도 다른 사람처럼 평범하게 살 수 있겠다고 생각했습니다.

그런데 일이 왜 이리 꼬이는지 회사에서 권고사직을 당하고 말았습니다. 제가 능력이 부족한 탓도 잇겠지만 장모님 병수발을 한다고 휴가도 많이 내고 회사 일에 등한시한 건 사실입니다. 사실, 통보를 받기 몇 달 전에 회사의 구조조정이 있었는데 내 처지를 생각해서 권고사직 일자를 미루어두었다고 합니다. 회사에서는 최대한 저의 입장을 배려해준 것이라고 하더군요. 38세에 취직하기 쉽지 않더군요. 결국 연봉 2천만 원에 계약직으로 일하게 되었습니다.

그런데 한 달 전에 와이프가 이혼을 요구하더군요. 이전부터 만나는 남자가 있었나 봅니다. 나랑 아무 느낌도 없다고 하더군요. 부부 관계를 해도 즐겁지가 않고……. 위자료 1억 원을 줄 테니 이혼을 하자고 요구합니다. 자기로선 최대한 생각한 결과라는 말에 너무나 황당했습니다. 내가 번 돈 대부분은 장모님 병원비에 간병비로 들어가고 결혼 전에 가지고 있었던 돈마저도 모두 사용했습니다. 그러면서 아파트는 결혼 전부터 자기 명의로 되어 있으니까 저보고 나가라고 하더군요. 정말 많은 배신감이 들고 인생의 허무함을 억누를 수가 없더군요. 그리 큰 욕심 없이 그저 남들처럼 평범하게 살고 싶기에 더 힘들군요. 이제 거의 마흔을 바라보는 나이, 재혼하기는 힘들 것 같고 아이도 없고, 노후에 외롭게 살아갈 생각하니 마음이 암담하기만 합니다.

남의 일 같지 않다. 언제든지 누구나 저런 일을 겪을 수 있겠다는 생각이 들면서 나도 모르게 화가 치민다. 그러면서 신이 존재한다면 이토록 착하고 정직하게 산 사람에게 왜 이런 고통을 주며 내팽개칠까 하는 의문마저 든다.

사람들은 "중년은 아플 수도 울 수도 없다"라고 말한다. 하지만 나는 그렇게 생각하지 않는다. 중년이기에 참을 수 없을 만큼 아프고 울고 싶어지는 것이다. 앞으로 나아갈 수도, 그렇다고 되돌아갈 수도 없는 진퇴양난의 상황이 더 아프게 한다.

그러나 나는 인생을 살면서 깨달은 것이 있다. 절망은 희망의 다른 이름이며, 모든 벽은 또 다른 문이라는 것을 말이다. 막다른 길에 접어들면 길이 끝난 것처럼 보이지만 사실 다시 길이 시작된다는 것을 말이다.

08

지금이 아니면
정말 늦는다

늦은 밤, 지하보도를 지나가는데 곳곳에 노숙자들이 누워 있었다. 앞에 걷고 있는 몇몇 사람이 신문지나 종이박스를 이불 삼아 자고 있는 노숙자들을 보며 수군거렸다.

"저 사람들, 절대 불쌍한 사람들 아냐. 일하기가 싫어서 노숙자가 된 것이니 불쌍하게 여길 필요도, 도와줄 필요도 없어."

"서울시에선 저 사람들을 왜 저렇게 방치하고 있는지 모르겠어. 한곳에 수용했으면 좋겠는데……."

그러나 나는 노숙자들을 보며 비아냥거리는 사람들이 마냥 곱게 보이지는 않았다. 노숙자들 중 자의로 노숙자생활을 하는 사람은 많지 않다고 보기 때문이다. 잘 다니던 직장에서 구조조정을 당했거나 경제가 어려워지면서 사업 부도로 가족들에게조차 외면당하는 이들이기 때문이다.

한곳에선 흐트러진 자세로 노숙자 네 명이 소주를 마시고 있었다. 그들은 생라면을 안주로 빈속에 소주를 마시고 있었다. 그때, 마흔 중반으로 보이는 한 사내가 옆에서 자고 있는 다른 노숙자를 흔들어 깨워보지만 술에 취해서인지 꼼짝도 하지 않았다.

지하보도 끝자락 기둥 밑에선 쉰 중반으로 보이는 한 노숙자가 잔뜩 웅크린 채 누워 있었다. 바닥에 종이박스를 펴서 깐 것 외에는 아무것도 없었다. 나는 안타까운 마음에 식사라도 하라는 뜻에서 몇 푼 쥐어주려 다가갔다.

"아저씨, 이렇게 그냥 주무시면 안 돼요. 추울 텐데 괜찮겠습니까?"

그러자 잠시 아무런 말이 없다가 대수롭지 않다는 듯이 대답했다.

"괜찮아요. 당신 갈 길이나 가슈."

"아저씨, 식사도 제대로 못하신 것 같은데 이 돈으로 간단한 요기라도 하세요. 술은 절대 드시지 말고요."

나는 그의 손에 만 원짜리 두 장을 쥐어주었다. 내가 돈을 쥐어주자 그제야 일어나 앉더니 반색하며 말했다.

"정말 고맙습니다. 이렇게 고마울 수가……."

나는 그에게 물었다.

"아저씨, 다른 분들과는 달리 술도 안 드시는 것 같은데, 왜 이렇게 노숙을 하세요? 무슨 사연이라도 있어요?"

"사실, 노숙하는 사람들 중 사연 없는 사람이 어디 있겠습니까?"

"올해 연세가 어떻게 되세요?"

"마흔 다섯입니다."

아직 40대 중반인 그가 내 눈에는 50대 중반으로 보였던 것이다. 얼굴은 인생의 나이테라고 하지 않던가. 나이보다 더 들어 보이는 얼굴에서 그동안 얼마나 힘든 인생을 살아왔는지가 보였다.

알고 보니 그는 5년 전까지 부산에서 중소기업을 운영하고 있었다. 그런데 무리한 사업 확장으로 자금 압박에 시달린 끝에 회사가 부도가 나고 말았다. 그나마 다행인 것은 아이들은 대학까지 마쳤고, 아내 명의인 작은 아파트 한 칸은 남았다는 것이다. 부자는 망해도 3년을 먹을 것이 있다는데 그는 다른 주머니를 차지 않았기에 돈 한 푼 나올 곳이 없었단다. 돈벌이를 못하다 보니 가족들에게 무시당했고 서서히 집에서 설 자리마저 없어졌다. 여러 궁리 끝에 막일도 해봤지만 그런 일을 해보지 않은 탓에 몸을 다치게 되었고 급기야 노숙자 신세로 전락한 것이었다.

내가 물었다.

"노숙자를 위한 시설에 가면 찬 데서 노숙을 하지 않고 따뜻하게 주무실 수 있을 텐데요."

그러자 그는 모르는 소리 하지 말라는 투로 말했다.

"아이고, 일 년 전에 그곳에 가서 하룻밤 지내봤는데 코 고는 사람, 심한 악취 그리고 힘센 사람들의 등살 때문에 견딜 수가 없었어요. 사람들은 현실을 모르니까 그런 데로 가라고 하지만, 정말 지낼 곳이 못 됩니다."

나는 그와의 짧은 대화 중에 가슴 한구석이 아려오는 것을 느꼈다. 그도 누군가의 남편이고 아버지일 텐데 이런 곳에서 노숙 생활을 하다니, 인생이 참 얄궂었다. 그에게 2만 원을 쥐어주고 가는 귓갓길, 집으로 향하는 내내 마음이 편치 않았다.

누군가는 "아프니까 청춘이다"라고 외치지만 처자식이 딸려 있는 마흔만큼이나 아플까. 그렇지만 지금 당장 현실이 막막하다고, 미래가 보이지 않는다고 해서 인생을 포기하고 패배자로 살아선 안 된다.

마음먹기에 따라 지금보다 더 잘될 수 있다. 그 이유는 20, 30대 때에 비해 깊어진 연륜과 경륜, 지혜와 혜안, 같은 실수를 반복하지 않는 신중한 태도, 기회를 내 것으로 만들고자 하는 절실한 욕구(실행력)가 있기 때문이다. 그래서 비록 흔들리고 초라하더라도 매 순간을 악착같이 살다 보면 언젠가는 더 나아진다는 신념을 나는 가지고 있다.

나는 개인적으로 전 미국 국무장관 매들린 올브라이트를 존경한다. 빌 클린턴 대통령 시절, 이혼녀에서 미국 최초의 여성

국무장관에 오른 그녀의 인생 역정을 살펴보면 땀과 노력으로 진주 같은 인생을 빚었음을 알 수 있다.

과거의 그녀는 망명한 가난한 유대인 집안의 딸이었다. 20대 시절 그녀는 웰즐리대학 재학 시절, 인근 지역의 대학생이었던 한 남자를 만나게 된다. 그는 미국 굴지의 미디어그룹인 '콕스' 가문의 상속자 중 한 명이었다. 핸섬한 외모의 그는 가난하지만 똑똑하고 매력적이었던 매들린을 사랑하게 되었고 졸업 후 그녀에게 바로 프러포즈했다. 프러포즈를 받던 날, 그녀는 "그가 백마 탄 기사로 보였다"라고 말할 정도로 행복했다.

결혼 후 두 사람은 모두가 시샘할 정도로 행복하게 살았다. 하지만 그 행복은 23년째 되던 해 깨지고 말았다. 어느 날 해외 출장을 다녀온 남편이 그녀에게 이혼을 통보한 것이다.

"미안해. 다른 여자를 사랑하고 있어. 이혼해줘."

그녀에게는 청천벽력 같은 말이었다. 결혼생활 23년째로, 그녀가 마흔네 살 되던 해였다. 당시 그녀가 받은 충격은 이루 말할 수 없었다. 하루아침에 그녀는 신데렐라에서 이혼 당한 보잘 것없는 한 맺힌 가정주부로 전락했다.

그러나 그녀는 언제까지나 자신을 떠난 전 남편을 원망하며 허송세월하지는 않았다. 30대의 늦은 나이에 얻은 쌍둥이를 키우면서 매일 새벽 4시 30분에 일어나 공부했고, 그 결과 10년 만에 간절히 바라던 정치학 박사학위를 취득했던 그녀다. 세 아이가 독립할 만큼 컸으니 그녀는 이제 자신의 꿈인 정치 입문을 실현해야겠다고 생각했다. 당시 그녀는 이렇게 다짐했다.

"그래! 이제부터라도 온전히 나를 위해, 나 자신의 꿈을 위해 인생을 살아보자."

어느덧 40대 중반을 넘어서고 있었지만 그녀는 결코 늦은 나이라고 생각하지 않았다. 다만, 그녀는 남들보다 나이가 많았기에 몇 배로 부지런히 행동했을 뿐이다. 그런 노력의 과정에서 상원의원의 법률 보좌관과 대학 교수, 대통령 선거 캠프를 거칠 기회를 갖게 되었다. 그 결과 그녀는 1992년에 빌 클린턴을 만났고 이듬해에는 국제연합 UN대사로 4년간 재직하였다. 그러고는 마침내 1997년에 미국 상원에서 만장일치로 비준을 받아 국무장관이 되었다.

나는 그녀의 인생 역정을 보면서 '결코 늦은 나이란 없다. 다만, 지금이 지나면 정말 늦는다'라는 진리를 다시금 깨달았다. 만일 그녀가 이혼 후 하릴없이 자괴감에 빠져 살았다면 그녀의 인생은 어떻게 되었을까? 또는 그녀가 이혼하지 않고 남편과 평생 순탄하게만 살았다면 과연 자신의 진정한 꿈을 찾아내어 실현할 수 있었을까?

매들린 올브라이트는 늦깎이로 정치에 입문해 국무장관까지 오를 수 있었던 비결에 대해 이렇게 말했다.

"제 상황에서 원대한 목표를 품는 것은 불가능했어요. 다만, 매 순간 그저 열심히 살아보자는 마음뿐이었죠. 이른 결혼도, 남편과의 이혼도, 그리고 정치에 뛰어든 것도 우연일 수 있지만, 그 모든 우연은 축적된 필연의 결과가 아닐까 생각합니다."

인간은 시련과 역경을 극복해가는 과정에서 진정한 자신을 깨달을 뿐만 아니라 강해지게 마련이다. 지금 힘들다고 해서 인생이 끝장났다고 생각해선 안 된다. 그 힘든 과정을 통해 더욱 성숙해지고 성장하게 된다는 것을 기억해야 한다.

믿고 싶지 않겠지만 이제는 인생의 후반부에 들어섰다. 그동안 타인을 위해 살았다면 이제부터라도 매들린 올브라이트처럼 전력을 다해 나 자신을 위해 살아보자.

중년을 사는 이들이 '사추기'를 앓는 이유는 인생이 마흔부터이기 때문이다. 인생의 감기를 앓는 것이다.

인생은 지금부터 무르익어간다. 아무리 나 자신이 초라하고 힘들다 할지라도 절대 인생의 방관자가 되거나 포기하지는 말자. 지금이 지나가면 정말 늦는다.

PART 3

실패보다 두려운 것은
지금의 나에
만족하는 것이다

01

다 자란 어른도
성장이 필요하다

10여 년 전부터 시작된 직장인들의 자기계발 열풍이 여전히 거세다. 어학 공부, 취미 활동, 독서, 진학, 유학 등 다양한 방면으로 자기계발이 이뤄지고 있다. 자신의 부족한 스펙을 보강하는 가장 생산적인 수단으로 자기계발만 한 것이 없기 때문이다.

많은 직장인이 좀 더 나은 자리로의 이직을 염두에 두고 자기계발을 한다. 이직할 때 어학 성적이 좋거나 관련 분야의 자격증 등을 갖고 있으면 금상첨화니까. 하지만 자기계발은, 시작은 쉽지만 어지간한 마음가짐이 아니고서는 원하는 성과를 얻어낼 때까지 지속하기란 쉽지 않다.

매일 쳇바퀴 도는 듯한 업무에 치인 몸으로 자기계발을 하자면, 나도 모르게 '지금 내가 뭘 하고 있지?' 하는 회의감도 든다. 천근만근 무거운 몸을 이끌고 자기계발을 하며 버티는 데에도 한계가 있다. 한 시간 일찍 출근해서 책을 읽거나 점심시간 혹은 퇴근 후 자기계발을 하자던 다짐은 시간이 지나면서 흐트러지게 마련이다. 몸이 피곤하거나 업무량이 많아져 바빠지기라도 할라치면, '조금 한가해지면 그때 다시 시작하자'는 자신과의 기약 없는 약속을 남긴 채 편안한 일상으로 돌아간다. 그렇게 '굿바이, 자기계발!' 하는 것이다.

나이가 들어가면서 한 가지 통감하게 된 것이 있다. 바로 다 자란 어른도 성장이 필요하다는 사실이다. 세상은 하루가 다르게 변하고 있다. 몇 달 전에 알고 있던 것은 이미 다른 버전으로 업그레이드된다. 그러니 지속적으로 공부하지 않으면 조직 세계는 물론 여러 집단에서 고립무원의 신세가 되고 만다. 20, 30대 직장인들을 보면 '어찌 저렇게 독하게 살 수 있나?' 할 정도로 치열하게 자기계발을 하고 있다. 물론 그들이 피부로 느끼는 생존경쟁의 온도와 중년인 내가 느끼는 생존경쟁의 온도는 차이가 있을 것이다. 그렇더라도 인생을 먼저 산 선배의 입장에서 보면 가히 스트레스를 받을 정도로 위압감을 느낀다.

"나는 아직도 배가 고프다!"

월드컵 출전 사상 처음으로 16강 진출을 성공시킨 후 히딩크 감독이 남긴 말이다. 결국 그는 16강, 8강을 넘어 아시아 최초의 4강 진출이라는 쾌거를 거두게 했다.

사실, 배고팠던 시절에는 죽을힘을 다해 자신을 채찍질하며 앞을 향해 나아가게 마련이다. 그러나 어느 순간 배가 부르자면 그런 노력을 멈추는 게 인지상정이다. 그런데 성장하고 변화하기를 멈춘다면 그것은 곧 퇴보를 의미한다. 많은 이가 이 틀에 갇혀 있다. 그래서 세상에는 패배한 사람이 넘쳐나고 성공한 사람은 극소수로 존재하는 것이다.

인생에서 성공을 거둔 사람들에게는 한 가지 공통점이 있다. 지금의 자신에게 만족하지 않고 끊임없이 채찍질하며 한 단계 한 단계 더 나아가기 위해 노력했다는 것이다. 현재의 모습에 만족하는 순간 성장을 위한 어떠한 행동도 하지 않게 된다. 즉, 고인 물이 된다. 고인 물은 곧 악취를 풍기는 썩은 물이 되고 만다. 시인 롱펠로는 "미래를 신뢰하지 말라. 죽은 과거는 묻어버려라. 그리고 살아 있는 현재에 행동하라"고 말했다. 성공과 같은 거창한 일이 아니더라도 오늘보다 더 나은 내일, 미래를 살기 위해선 반드시 지속적인 성장의 노력이 필요하다.

인터넷에서 허혜경 동서울아카데미 원장에 관한 성공 스토리를 접하게 되었다. 그녀의 성공 스토리를 읽어내려 갈수록 정말 대단한 분이라는 생각이 들었다. 그녀의 인생 자체가 도전과 열정으로 빚어졌기 때문이다.

현재의 모습에 만족하는 사람들에게 가슴을 뛰게 하는 불쏘시개가 되었으면 하는 바람에서 그녀의 성공 스토리를 소개할까 한다.

대학에서 물리학을 전공한 허 원장의 꿈은 교사가 되는 것이었다. 하지만 대학원 진학을 위해 정보처리기사 자격을 획득하면서 그의 인생 항로가 달라졌다.

대학 4학년 때, 그녀는 1985년 당시만 해도 국내에서 생소한 분야였던 컴퓨터 프로그래밍의 매력과 가능성을 발견했다.

대학 졸업 후, 그녀는 엔지니어 회사에 입사하여 컴퓨터 프로그래머로서 건축제어 관련 개발 파트를 맡아 열심히 배우며 일했다. 야근을 밥 먹듯이 하는 척박한 근무 환경이었지만 이런 환경을 통해 성장할 수 있다는 생각으로 하루하루를 즐겁게 보냈다.

그러다 그녀는 생각지도 못한 난관에 부딪혔다. 바로 여성에 대한 차별대우였다. 여성 프로그래머가 매우 드물었던 시절이었기에, 그녀는 팀의 유일한 여성으로서 동료들보다 더욱 치열하게 일했다. 하지만 알게 모르게 여성을 차별하는 분위기에서 부당한 결과가 계속되었다.

시간이 갈수록 그녀는 좌절했다. 그런 그녀에게 새로운 기회가 찾아왔다. 대기업 직원들에게 컴퓨터 직무교육을 수행하는 한 교육기관으로부터 강사 스카우트 제의를 받은 것이다. 그녀는 고심 끝에 그 제의를 받아들였다. 그녀는 당시를 이렇게 술회했다.

"비록 형태는 달라도 원래 제가 꿈꿨던 대로 한 사람의 교육자로서 남을 가르치는 일을 할 수 있게 됐고, 열심히 하면 제 능력을 인정받을 수 있다는 생각에 도전하기로 했습니다."

그녀가 맡은 컴퓨터 프로그램 강사 일은 적성에 맞았으므로 아무리 에너지를 쏟아도 피곤한 줄 몰랐다. 마치 물 만난 고기처럼 즐겁게 일할 수 있었다. 그러면서 다른 한편으로는 빠르게 변화하는 컴퓨터 환경에 대처하기 위해 여러 관련 자격증을 취득하는 등 자기계발에도 열을 올렸다.

그녀는 바쁜 와중에도 틈틈이 강사로서 수강생들의 이해를 돕기 위한 교재를 집필해나갔다. 그런 노력 끝에 컴퓨터 화면을 그려 넣어 내용을 쉽게 이해할 수 있도록 만든 교재를 출간했다. 요즘 컴퓨터 관련 서적에서 흔히 볼 수 있는 체제, 즉 컴퓨터 화면 갈무리 이미지를 활용하여 비주얼하게 편집한 기본 포맷은 그녀가 처음 만든 것이다.

그녀가 출간한 저서는 1980년대 후반 당시만 해도 획기적인 것이었다. 국내에는 제대로 된 컴퓨터 관련 기술서가 없었고, 그나마 시중에 나와 있는 교재 대부분은 텍스트 위주의 외국 원서 번역본 수준이었기 때문이다. 이 책은 출간되자마자 베스트셀러에 올랐는데, 그야말로 대박이었다.

대부분의 사람은 고생 끝에 어느 정도 수준에 오르면 만족하고 현실에 안주한다. 그때부터 쉽고 편한 일만 하려고 한다. 그러나 허 원장은 그렇지 않았다. 그녀는 결코 만족을 모르는 사람이었다. 그녀는 컴퓨터 강사로, 또한 저자로 승승장구하면서도 발전하기를 멈추지 않았다. 그런 마인드는 비진학 청소년,

생활보호대상자, 전역(예정) 군인 등을 대상으로 하는 컴퓨터 교육, 즉 IT 중심의 직업·직무 교육 전문기관을 설립하는 추동력이 되었다.

교육 사업을 시작한 후에도 그녀의 도전은 계속되었다. 더 나은 교육 환경 조성을 위해 직업 교육기관으로서는 최초로 서비스 개념을 도입했고, 프로그래머로서의 경력을 활용해 자체 인트라넷도 개발했다. 그녀는 이렇게 말했다.

"저는 만족을 모르는 사람입니다. 오지랖이 넓어서인지는 몰라도 이곳을 졸업해 사회로 나가는 수강생들이 더 잘됐으면 하는 마음으로, 졸업생들의 진로에 대해 이런저런 신경을 많이 썼습니다. 직업·직무 교육기관이기는 하지만 단순히 가르치고 취업을 알선하는 역할에만 그치고 싶지는 않았기 때문입니다."

사람은 죽는 순간까지 성장이 필요하다. 끊임없이 배우고, 깨닫고, 자극받아야 한다. 더군다나 갈수록 치열해지는 생존경쟁의 시대에서 살아남기 위해선 스스로를 지속적으로 업그레이드해야 한다. 재미있는 사실은, 사람은 나이가 들수록 경험이 쌓여 더욱 현명해지고 지혜로워진다는 것이다.

최근 중년에 대한 고정관념을 깨는 뇌과학 실험 사례가 속속 발표되고 있다. 그중 〈뉴욕타임스〉의 의학 전문기자인 바버라 스트로치는 수십 명의 신경과학자와 심리학자들이 40년간 연구한 결과를 토대로 우리 생애 최고의 뇌는 '중년의 뇌'라고 발표했다.

그녀는 중년의 나이에 대한 기존의 재규정을 넘어, 중년의 뇌를 흔히 '퇴행하는 뇌'로 인식했던 20세기식 통념을 확실하게 뒤집었다. 그중에서도 여성 심리학자 셰리 윌리스가 40년간 지속해온 수명에 대한 연구 결과가 눈길을 끌었다. 미국 시애틀에 거주하고 있는 20~90세의 다양한 직업을 가진 남녀 6,000명을 체계적으로 추적한 이 연구의 결과를 보면, '인지능력 검사'에서 다른 어떤 연령대보다도 40~65세 중년이 최고의 수행력을 보여줬음을 알 수 있다. 뇌 스캐너를 이용해 늙어가는 인간들을 실시간 관찰한 연구자들은 뇌세포가 정상적인 노화 과정에서 다량으로 사라지지 않는다는 것을 알아냈다.

그녀의 실험뿐만 아니라 다른 실험을 통해 뇌는 중년에도 계속 성장한다는 것이 밝혀졌다. 또한 중년 뇌가 20대 뇌보다 더 뛰어나다는 수많은 증거가 쏟아져 나오고 있다.

성공학의 거장 나폴레온 힐의 말이다.

"천하에 하나도 이룬 것이 없는 사람이 몇 명인지 모르겠지만 그들이 아무것도 이루지 못한 이유는 너무 쉽게 만족하기 때문이다. 자신의 향상을 꾀하는 첫걸음은 현재 지위에 머물러서는 절대 안 된다는 것이다. 현재 상황에 만족하지 않는다면 당신은 계속해서 새로운 성공을 거둘 수 있다."

세상에는 두 부류의 사람이 있다. 마흔, 오십에서 멈추는 사람과 마흔, 오십에서 성장하는 사람이다. 이처럼 어떤 이들은

위로받고 싶은 마흔 벼랑 끝에 꿈을 세워라

성장을 멈추지만 어떤 이들은 성장을 지속한다. 두 부류의 차이점은 무엇일까? 지금 수준에 만족하느냐, 그렇지 않느냐이다.

나이가 들수록 성장하기 위해선 스스로가 성장할 수 있는 일, 그리고 자신이 가지고 있는 능력을 발휘할 수 있는 일을 찾아야 한다. 그리고 끊임없이 성장하기 위해 매일 한 걸음씩 전진해야 한다.

02
어제와 다른 오늘을 기획하고 실행하라

"내가 헛되이 보낸 오늘 하루는 어제 죽어간 이들이 그토록 바라던 하루다. 단 하루면 인간적인 모든 것을 멸망시킬 수 있고 다시 소생시킬 수도 있다."

그리스 비극의 완성자로 불리는 소포클레스의 명언이다. 나는 현재에 안주하거나 어제와 같은 오늘을 살고 있는 나를 발견할 때마다 소포클레스가 남긴 말을 곱씹어보곤 한다. 사실, 깨어 있지 않으면 어제와 다를 바 없는 오늘을 살 수밖에 없다. 이렇게 소중한 하루를 우리는 대개 허송하고 있는 것이다.

주위를 둘러보면 갈수록 팍팍하고 힘든 인생살이에 신음하면서 사는 이들이 참 많다. 그런데 아이러니한 것은, 그들은 어제보다 더 나은 오늘 그리고 오늘보다 더 나은 내일을 살기 위해 노력을 하지 않는다는 것이다. 내가 말하는 노력이란 지금 자신에게 주어진 직장생활에서의 당연한 업무를 의미하는 것이 아니다. 실질적으로 인생을 달라지게 하는 것은 어제보다 더 나은 오늘을 기획하고 실행하려는 힘에 달려 있다.

나는 지금껏 인생을 살면서 다양한 시행착오를 겪었고, 다시는 일어설 수 없을 것 같은 시련들에 빠지기도 했다. 하지만 그런 역경들보다 더 나를 어렵게 하는 것은 지금의 나 자신에게 만족하는 것이다. 안타깝게도 너무나 많은 사람이 지금의 자신의 모습에 만족하면서 살아가고 있다.

그는 초등학교 4학년 때부터 32년간 야구 인생을 살았다. 그중 18년간 프로생활을 했다. 그는 프로생활을 하면서 단 한 번도 '홈런왕'을 해보지 못했다. 하지만 18년 동안 꾸준히 하다 보니 홈런왕이라는 타이틀 한 번 차지하지 못했어도 최다 홈런왕이 되었다. 그는 누구일까?

'양신'으로 불리는 양준혁 야구재단이사장이다. 그는 데뷔 첫해에 타격왕을 차지한 유일한 선수다. 그뿐만 아니라 골든글러브 여덟 차례 수상, 역대 최다 홈런 기록 경신(2009) 등 화려한 이력을 자랑한다. 그는 사람들에게 "누가 알아주든 아니든 자기 분야에서 꾸준히 하다 보면 언젠가는 보상을 받습니다"라고 말한다.

2002년은 양준혁 본인에게 최고의 해이자 최악의 해이기도 했다. 야구를 하면서 처음으로 우승을 했지만 동시에 극심한 슬럼프에 빠졌기 때문이다. 하지만 그는 슬럼프에 지지 않았다. 기존의 타격 기술이나 기록들을 모두 버리고 처음부터 다시 시작했다. 물론 처음에는 잘되지 않았지만 계속 시도함으로써 슬럼프를 극복할 수 있었다.

그는 실패하더라도 절대 그냥 넘어가지 않았다. 실패에 대한 원인을 분석하고 데이터화하여 그것을 실패 극복의 계기로 삼아 계속 변화를 추구했다. '만세타법'도 그때 나온 것이다. 그런 노력 끝에 결국 2003년도를 최고의 시즌으로 보낼 수 있었다.

그는 후배 이승엽을 보며 많은 것을 깨달았다고 고백하였다.

"과거에 나는 잘한다는 소리를 들었고 어느 정도 안주하는 부분이 있었습니다. 하지만 이승엽은 홈런을 30개 치고 나면 40개를 치려 노력하고, 40개를 치고 나면 50개를 치려고 하더군요. 현실에 안주하지 말고 계속 발전해나가야 합니다."

양준혁은 자신의 성공 비결에 대해 이렇게 말한다.

"실패보다 더 끔찍한 건 포기입니다. 성공하려면 누구나 실패를 통해 자신을 점검하고 부족한 부분을 보완해야 합니다. 과정은 힘들지만 슬기롭게 극복하면 누구나 자신의 분야에서 최고가 될 수 있습니다. 저도 그랬으니까요."

양준혁은 누구보다 치열한 인생을 살았다. 나는 그의 저서 『뛰어라! 지금이 마지막인 것처럼』을 감명 깊게 읽었다. 그 책에는 '머리가 아닌 몸으로 얻은 깨달음은 인생을 바꾼다'라는

위로받고 싶은 마흔 벼랑 끝에 꿈을 세워라

메시지가 담겨 있다. 그것은 '삶의 변화는 관념적인 철학이 아니라 땅에 발붙인 통찰의 결과에 있다'라는 말과 상통한다. 온갖 혹평에도 자신만의 '만세타법'을 고수하던, 내야 땅볼을 치고도 죽기 살기로 1루까지 내달리던 그는 성실과 정직이라는 다소 고루한 말을 생생한 삶으로 뒤바꿔놓았다. 그라운드 위에서 그가 위풍당당할 수 있었던 것은 자신의 인생에서 매 순간 최선을 다했기 때문이다

누구보다 정정당당한 인생을 살아온 그는 얼마 전 인생 2막을 시작했다. 야구에 대한 전문적 지식과 풍부한 경험을 기반으로 그는 해설자로, 강연가로, 칼럼 기고가로, 1인 3역의 활약을 펼치고 있다.

이름 자체가 글로벌 브랜드이자 혁신과 창조의 아이콘으로 꼽히는 김영세 이노디자인 대표가 있다. 우리나라에 산업디자이너라는 호칭조차 없던 1970년대 시절, 디자인 공부에 뛰어들어 온몸으로 미래를 개척했다는 사실 하나만으로도 그는 존경받아 마땅하다. 더구나 발표할 때마다 센세이션을 일으킨 그의 수많은 작품과 숱한 수상 실적은 그를 세계가 주목하는 글로벌 리더로 인정하고 있음의 방증이다.

레인콤의 MP3 아이리버, 동양매직의 '이츠 매직(It's Magic)' 가전기기 시리즈, '가로 본능'으로 유명한 삼성 애니콜, 태평양화학 슬라이드 팩트 등 산업 전 분야를 아우르는 화제작은 이미

많은 사람이 익히 알고 있다. 디자인계의 아카데미상으로 불리는 미국 IDEA(International Design Excellence Awards)의 금상·은상·동상을 모두 거머쥔 기록을 남겼고, 독일의 IF 디자인 어워드(International Forum Design Awards)와 레드닷(Red Dot), 일본의 굿 디자인 어워드(Good Design Award) 등 세계적 권위의 상을 받았다. 그는 이제 산업디자인을 넘어 브랜드 이미지와 공간 디자인 등 다양한 영역에서 독보적인 위치에 올랐다. 그는 자신의 성공 비결에 대해 이렇게 고백했다.

"한 가지 확실한 것은 저는 굉장히 열심히 한다는 사실이에요. 열정적인 사람들이 꼭 이기는 데는 이유가 있어요. 열정적인 사람은 그렇지 않은 사람보다 노력을 더 하거든요. 열정이 많으면 눈높이는 계속 올라갈 수밖에 없으니까요. 그런데 그 간발의 차이가 바로 승부를 결정합니다. 저만의 경쟁력이 있다면 그건 열성이고, 그 또한 사랑을 기반으로 한 것이죠. 자기가 하는 일을 미친 듯이 좋아하는 사람이 해내는 결과는 그렇지 않은 사람의 결과보다 훨씬 더 특별한 겁니다. 이 열정의 힘은 창의적이거나 문화적인 일에만 국한되는 것이 아니고 비즈니스 현장에서도 승패를 좌우하죠."

어떤 분야에서든 남들보다 앞서가는 사람들이 있다. 그리고 주위에는 이들의 실력을 시샘하면서 비하하는 이들도 있다. 그런데 재미있는 사실은 이 두 부류 모두 비슷한 출발선에서 시작했다는 점이다. 그런데 누구는 사람들이 시샘할 정도로 최고의 위치에 오르고, 누구는 삼류 인생을 살고 있다. 이 두 부류를 가르는 것은 무엇일까? 바로 마인드 차이다. 김 대표의 말처럼 열정적인 사람은 그렇지 않은 사람보다 더 노력하게 마련이다. 확실히 열정이 많으면 눈높이는 계속 올라갈 수밖에 없다. 그 간발의 차이로 고수와 하수가 갈린다.

세상을 바꾼 위대한 천재 스티브 잡스의 대학교 졸업식 연설은 이제 명언이 되었다. 2005년 6월 12일, 잡스는 미국 스탠퍼드대학교 졸업식 축사에서 자신의 인생 굴곡을 솔직하게 털어놓았다.

사생아로 태어나 대학도 못 나온 양부모에게 입양된 사연, 등록금이 너무 비싸 대학을 중퇴하고 애플을 창업해 큰 성공을 거뒀으나 자기가 만든 회사에서 쫓겨난 이야기, 픽사 창업과 재기, 그리고 췌장암으로 죽음의 문턱까지 간 상황까지…….

그가 사망하자 그의 명연설이 다시 화제에 오르기도 했다.

"시간은 한정되어 있습니다. 타인의 삶을 사느라고 시간을 허비하지 마세요. 현실에 안주하지 마세요. 무모한 결정을 내리는 것을 두려워하지 마세요. 오늘을 인생의 마지막 날인 것처럼 살아야 합니다. 삶이 만든 최고의 발명은 죽음이고 죽음은 삶을 대신하여 변화를 만듭니다. 계속 갈망하고, 계속 우직하게 나아가십시오."

잡스는 자신의 인생을 집약적으로 소개한 뒤, 졸업을 앞둔 젊은이들에게 중요한 메시지를 전했다. '인생은 새옹지마이며, 손 안에 있는 것에 안주하지 말라'는 것이었다.

그의 명연설 중 이 말은 항상 내 가슴을 먹먹하게 한다.

"대학을 중퇴하지 않았더라면 붓글씨 수업을 청강하지 않았을 것이고, 오늘날의 컴퓨터는 아름다운 타이포그래피(서체)를 지원하지 않았을지도 모릅니다. 애플에서 쫓겨난 건 내 인생에서 최고의 사건이었습니다. 모든 게 불확실하지만 초심자의 가벼운 마음으로 돌아갈 수 있었고, 그 덕분에 내 인생에서 가장 창의적인 시기의 막을 열 수 있었습니다."

그의 인생 역정을 살펴보면 도전과 열정으로 점철되어 있음을 알 수 있다.

어제와 다른 내일을 살기 위해선 오늘과 같은 생각, 행동을 해선 안 된다. 생각과 행동이 오늘의 질을 결정하기 때문이다. 오늘의 질은 내일, 미래의 질로 이어진다는 것을 간과해선 안 된다. 그래서 성공한 사람들은 어제보다 더 나은 오늘, 오늘보다 더 나은 내일을 살기 위해 노력하라고 말하는 것이다. 그게 성공하는 인생을 열어주는 키(Key)이기 때문이다.

거창고등학교 강당에는 '직업 선택의 십계'라는 글이 새겨져 있다.

① 월급이 적은 쪽을 택하라.
② 내가 원하는 곳이 아니라 나를 필요로 하는 곳으로 가라.

③승진의 기회가 거의 없는 곳을 택하라.

④모든 조건이 갖추어진 곳을 피하고 처음부터 시작해야 하는 황
   무지를 택하라.

⑤앞을 다투어 모여드는 곳에는 절대 가지 말라.

⑥장래성이 전혀 없다고 생각되는 곳으로 가라.

⑦사회적 존경 같은 것을 바라볼 수 없는 곳으로 가라.

⑧한가운데가 아니라 가장자리로 가라.

⑨부모나 아내나 약혼자가 결사반대하는 곳이면 틀림없다.

⑩왕관이 아니라 단두대가 기다리는 곳으로 가라.

중년을 사는 내가 봐도 시사하는 바가 크다. 내가 10대 시절
에 이 글을 보았더라면, 직업을 선택할 때 좀 더 현명한 판단을
내리지 않았을까, 하는 아쉬움마저 든다. 하지만 어쩌겠는가.
흘러간 물은 물레방아를 돌릴 수 없는 법! 지난 시간을 아무리
뒤돌아봐야 가슴만 아플 뿐이다. 다만, 지금 내가 할 수 있는 일
은 어제와 다른 오늘을 기획하고 실행하는 일이다.

끝으로 『해리 포터』 시리즈의 작가 조앤 K.롤링의 말을 가슴
에 새겨보자.

"실패는 삶의 단단한 초석이 됩니다. 실패는 달가운 경험은
아니지만 얻는 것이 많지요. 실패를 겪고 나면 어떤 일이 일어
나도 살아남을 수 있다는 자신감이 생깁니다."

03

최고의 가치는
차이에서 생겨난다

"정말 더러워서 못 해먹겠네! 그래, 내가 관둔다, 관둬!"

"밑에서는 대들지, 위에서는 쪼지. 이놈의 회사 당장 때려치워야지, 원!"

2년 전부터 베이비붐 세대의 퇴직이 본격화되면서 마흔 후반 이상의 자영업자가 크게 증가하고 있다. 그들이 자영업을 택하는 것은 더 이상 회사에서 생존할 수 없기 때문이다. 그래서 퇴직금과 대출금으로 무리하게 프랜차이즈 커피숍이나 치킨집 등을 차리는 것이다. 하지만 그들 중 열에 아홉은 퇴직금과 대출금을 고스란히 날리고 수억 원의 빚만 떠안고 마는 경우가 허다하다.

다들 안정적인 일자리를 원하지만 세상에 그런 일자리란 없다. 게다가 평균수명이 80세 전후로 증가하면서 남은 인생을 어떻게 살아갈지가 고민이다. 여기에다 청년실업 문제는 안 그래도 외롭고 고통스러운 중년들을 위협하는 요소가 되고 있다.

통계청에 따르면 2012년 50대 자영업자의 수는 총 175만 6,000명에 달해 전체 자영업자의 30퍼센트 이상을 차지했다. 대개가 소매업, 음식점 등 진입장벽이 낮은 창업에 뛰어든 것이다. 하지만 창업 3년도 지나지 않아 휴·폐업한 50대 자영업자가 전체의 47퍼센트에 달하는 등 창업은 아무나 하는 게 아니라는 사실을 여실히 보여주고 있다. 이는 경험이 부족한 은퇴자들이 무턱대고 창업에 나선 결과다. 여기에다 엎친 데 덮친 격으로 경쟁마저 치열해 승자는 거의 없고 대부분 패자로 전락한다.

21세기를 살아가는 직장인들은 평생 몇 번이나 직장을 옮겨다닐까? 대부분의 직장인이 1회에서 많게는 7회까지 이직을 경험한다고 한다. 그만큼 한 직장에서 진득하게 머물기가 힘들다는 뜻이다. 직장인들에게 이직은 또 다른 스트레스다. 그래서 현 직장에 몇 년 더 머물러 있을 수 있어도, 이직에 대한 부담감은 스트레스로 작용한다.

작장생활을 6~7년 정도 하자면 자신의 미래에 대한 청사진을 그린다. 그런데 그 미래를 상상했을 때 설레지 않거나 우울하다면 이는 심각한 일이다. 몇 년 후 정말 자신이 상상한 미래를 살아갈 확률이 높기 때문이다. 어쩌면 이곳저곳 옮겨 다니며 늘 불안과 두려움 속에서 새가슴으로 살아가게 될지도 모른다.

10년차 직장인들은 기업의 생리를 세세하게 알고 있다. 그렇다 보니 자신이 지금 조직에 계속 머물러 있다면 3년 후, 5년 후의 자기 모습이 비참해질 것이라는 사실을 누구보다 잘 안다. 그래서 안정적인 밥벌이가 가능한 지금 자신을 브랜딩하려고 분투하는 이들이 많다. 그들은 스피치 학원을 다니거나, 자신의 지식과 취미생활 혹은 직장생활의 노하우를 책으로 쓰거나, 독서 또는 자기계발 세미나를 통해 스스로를 업그레이드한다.

나 역시 오랫동안 직장생활을 해왔다. 그래서 누구보다 직장인의 생리에 대해 잘 알고 있다. 동시대를 사는 이들 중 가장 힘든 세대는 다름 아닌 중년 가장들이다. "아프니까 청춘이다!"라고 말하지만 그래도 청춘들에게는 열정과 패기, 살아온 날들보다 살아갈 날들이 더 많지 않은가. 하지만 중년들은 간당간당한 현 위치에 자신감 결여, 패배의식, 열등감, 인생의 허무감 등으로 좌절하고 절망한다. 그래서 나는 내 또래들과 술잔이라도 기울일라치면 동병상련에 마음이 편치 않다.

직장인들을 대상으로 하는 강연에서 내가 반드시 하는 말이 있다.

"직장이라는 울타리를 나와서 더 즐겁고 행복한 인생을 살기 위해선 직장에 몸담고 있는 동안 자신을 브랜딩해야 합니다."

사실, 많은 이가 세상에 자신을 드러내고 싶어 한다. 하지만 실제로 자신의 이름을 브랜딩하는 데 성공하는 사람은 극소수다. 그 이유는 최고의 가치를 지향하지 않기 때문이다. 지금 자

위로받고 싶은 마흔 벼랑 끝에 꿈을 세워라

신이 갖고 있는 업무 지식이나 노하우 등에 최고의 가치가 내재되어 있다면 시간이 흐를수록 자연히 세상에 내 이름 석 자가 알려지게 된다. 마치 대기업 직장인 한두 달치 월급에 맞먹는 루이비통 가방처럼 명품이 되는 것이다. 즉, 내가 명품이 될 때 최고의 경쟁력이 확보되는 것이다.

세계적인 명품 루이비통은 명품 판매 순위 1위답게 거리에서 흔히 볼 수 있다. 대학생부터 직장인, 중년 주부들까지 루이비통 가방을 안 든 이가 없을 정도다. 3초마다 눈에 띈다고 해서 루이비통 가방을 '3초백'이라고도 칭한다.

가방 하나에 300~400백만 원이 넘는데도 불구하고 불티나게 팔려나가는 루이비통의 성공 비결은 무엇일까?

루이비통은 현재 프랑스, 스페인, 미국에 17개 공방을 보유하고 있다. 공방마다 200~300명의 직원들이 제품을 생산해내고 있는데 다들 자신의 이름을 걸고 혼신의 힘을 다해 가방을 만든다. 그래서 어떤 가방은 하나를 만드는 데 1년가량이 걸리기도 한다. 특별 제작 트렁크의 경우 1년에 한두 개 정도 완성된다. 가로세로 15센티미터 정도 되는 작은 가방에도 특수 제작된 못이 500개 정도 쓰인다.

명품에는 그만한 가치가 내재되어 있다. 루이비통 역시 마찬가지다. 중저가의 기계로 대량생산하는 가방은 하루에도 수천 개가 나올 수 있다. 하지만 일일이 사람 손을 거쳐서 탄생되는 루이비통의 보통 가방은 200개의 공정이 필요하고, 여행용 트렁크는 700개의 공정이 필요하다. '스피디'의 경우 열 명이 하루 종일 매달려야 가방 하나가 나온다고 한다. 만약에 한 명이 매달려 작업한다면 꼬박 열흘이 걸리는 셈이다. 루이비통의 총괄 점검 장인은 최소 20년 이상을 근무해야 그 직책에 오를 자격이 주어진다. 그만큼 루이비통은 최고의 가치를 지향한다.

나는 루이비통 가방을 생산한 뒤 지퍼의 흠결을 살펴보기 위해 5,000번 이상 지퍼를 열었다 닫았다 하고, 견고성을 위해 가방에 3~4킬로그램짜리 돌멩이를 채운 뒤 일주일간 바닥에 내동댕이치는 작업이 이루어진다는 사실에 혀를 내둘렀다. 루이비통 가방의 생산 과정을 알고 난 뒤, 대기업 직장인들의 월급 한두 달치에 맞먹는 가방에 그만한 가치가 있을 수도 있겠다고 인정했다.

이런 가치는 대중이 먼저 알아본다. 그래서 명품 가방 가격이 다른 상품에 비해 가파르게 오르는데도 불구하고 구입하는 것이다. 비싼 데는 그에 걸맞은 가치가 있다면서 말이다.

오늘날 누구 하나 힘들지 않은 사람이 없다. 다들 겉으로는 아닌 척하지만 속을 들여다보면 현실에 대한 불안과 미래에 대한 두려움으로 가득하다. 오죽하면 이홍식 연세대학교 의대 명예교수의 『눈물은 남자를 살린다』라는 책까지 나왔을까. 책에 보면 이런 내용이 있다.

'평생을 열심히 달려왔다. 참고 또 참으며 죽어라 일하며 살

위로받고 싶은 마흔 벼랑 끝에 꿈을 세워라

아왔다. 그런데 언제부터인가 회사에서도, 집에서도 외톨이가 되어 있었다. 어디서도 편히 앉아 쉴 자리는 없다. 나는 왜 열심히 일해왔는가, 내 삶은 지금 어떤가……'

그렇다. 힘든 이유는 그동안 누구보다 치열하게 살았는데도 불구하고 제대로 해놓은 게 없기 때문이다. 게다가 회사에서도, 가정에서도 왕따로 전락했다. 그래서 너무나 외롭고, 불안하고, 두려운 것이다. 그러다 보니 툭하면 무작정 떠나고 싶은 충동이 이는 것이다.

나는 아프고 힘들어도 그나마 직장생활을 하는 지금 인생 2막을 준비하라고 말하고 싶다. 지금부터 더 이상 실패하지 않을 미래의 청사진을 그려야 한다. 그리하여 내가 가진 가치를 최고로 끌어올려야 한다.

이제는 이홍식 교수의 물음에 답할 차례다.

"과거에는 항상 마음만 먹으면 다 할 수 있다는 자신감과 미래에 대한 희망이 있었습니다. 어느 순간, 몸은 따라가지 않고 주위에서도 나를 그렇게 생각하지 않는다는 것을 알게 되었습니다. 이젠 지난날들이 까마득한 신화처럼 느껴집니다. 남은 인생 30년, 우리는 어떻게 살아가야 할까요?"

04

마흔에 멈추어 읽는 책이
남은 인생의 길이 된다

주위를 둘러보면, 주식하는 사람은 많아도 책을 읽는 사람은 찾아보기 힘들다. 그들에게 책을 읽지 않는 이유를 물어보면 이렇게 답한다.

"지금 한가하게 책 읽을 시간이 어디 있어요?"

"책 읽을 시간에 밀린 잠이라도 자야 하지 않나요?"

이렇게 말하는 이들조차 일상을 살펴보면 세 끼 밥 먹고, 볼일 보고, 동료들과 수다 떨며 커피를 마시거나 담배를 피우며 시간을 보낸다. 심지어 퇴근 후 동료들과 밤늦은 시간까지 술잔을 기울이며 시간을 헛되이 보낸다. 그런데도 책 읽을 시간이 없다고? 나는 어불성설이라고 생각한다.

갈수록 경제 상황은 나빠져 기업의 구조조정이 상시화되고 있다. 정년퇴직은 이미 동화나 구석기 시대에 나올 법한 일이 되었다. 직장인은 언제 파리채에 맞아 죽을지 모르는 파리 목숨과 같다. 따라서 언제 날아들지 모르는 구조조정의 칼날에 대비해야 한다.

예전에는 퇴직 시점이 마흔 후반이었지만 지금은 40대 이하로까지 낮아졌다. 즉, 한 번 몸담은 기업에서 뼈를 묻던 시대는 지났다는 말이다. 평생직장의 시대는 가고 평생직업의 시대가 온 것이다.

회사에서 내 위치는 위태위태하다. 몸도 예전 같지 않다. 폭탄주 몇 잔에도 다음 날 쓰린 속을 부여잡고 방바닥을 뒹군다. 일주일에 사흘을 헬스클럽에서 땀을 흘리지만 근육은커녕 뱃살만 나온다. 30대, 일이 전부라고 믿었던 시절이 있었던가 하는 생각이 들 만큼 일에 대한 열정도 사그라진 지 오래다. 그래서 출근할 때면 콩나물시루 같은 지하철 안에서 '고작 이거 받고 이 회사 계속 다녀야 할까?', '더 늦기 전에 새로운 일을 시작해야 하는 게 아닐까?' 하는 생각을 끊임없이 해본다.

현실은 자칫 한 발짝이라도 잘못 내디디면 천길 벼랑 아래로 떨어질 상황이다. 미래를 떠올려봐도 딱히 이렇다 할 답이 나오지 않는다. 그래서 연신 한숨만 쉬게 되고, 술을 벗 삼게 된다. 그런데도 힘든 상황에서도 인생 2막을 멋지게 펼쳐 살고 있는 이들의 성공 스토리 자서전이나 인생의 돌파구가 될 힌트가 담긴 자기계발서를 가까이하지 않는다. 그러면서 자꾸만 진창길 같은 현실을 탓하고 자신에게 미래가 없다며 좌절한다.

얼마 전, 한 모임에서 대기업 팀장으로 있는 친구가 이렇게 말했다.

"마흔이면 유혹이 없다고 했는데 어떻게 된 것이 사방에 온통 유혹거리야."

그러자 한 친구가 받아쳤다.

"요즘 마흔은 유혹이 없는 게 아니라 '아무도 유혹하지 않는다'고 해서 불혹인 거야. 쉽게 말해 어디에도 쓸모가 없다는 거지."

나는 아무도 유혹하지 않는다고 해서 불혹이라는 말에 동감한다. 사실, 마흔이 넘어서면 가정에서나 회사에서나 별 볼 일없는 신세가 된다. 개털이 된다는 말이다. 밥벌이를 잘하고 회사에서 능력을 인정받을 때는 큰소리도 칠 수 있지만 밥벌이의 끈이 간당간당해지면 그때부터 무시당하기 십상이다. 쓸모가다했기 때문이다. 그래서 마흔이 외롭고, 고독하고, 억울하고, 아픈 것이다.

나는 힘들 때마다 나와 비슷한 처지에 내몰렸다가 성공한 사람들의 책을 즐겨 읽는다. 그들의 책을 읽으면서 아프지 않은인생이란 없고, 힘들지 않은 인생 역시 없다는 것을 새삼 깨닫는다. 그래서 '내가 힘든 것은 이 책의 저자에 비하면 아무것도아니야. 지금 힘들어도 잘 견뎌내자' 하고 나 스스로를 다독이고 힘을 낸다.

책을 통해 사람에게서 얻지 못하는 위안과 용기와 희망을 얻을 수 있다. 그래서 나는 책이야말로 진정한 보물이라고 생각한다. 무엇보다 마흔에 멈추어 읽는 책이 남은 인생의 길이 된다. 그래서 마흔을 살아가는 지금 주식, 술, 골프 이런 것들보다 책을 가까이해야 하는 것이다.

어느 나이대보다 마흔에 짊어지는 보따리는 무겁다. 그렇기 때문에 지금 하고 있는 일에만 미친 듯이 정신 팔려 있어선 안 된다. 나의 현주소를 돌아보고 갈 길을 점검해야 한다. 그러자면 성공한 사람들의 자서전과 자기계발서를 비롯해 『논어』, 『오륜서』, 『군주론』, 『손자병법』 등을 읽어야 한다. 사실, 역사·철학·인문학 등을 알아야 할 시간도 마흔이다.

마흔에는 마흔에 맞는 지식과 혜안이 필요하다. 그래야 앞으로 나의 포지션을 어디에 둘 것인지, 어떤 마인드로 인생 2막을 준비해야 하는지 생각해볼 수 있다.

마흔의 직장인들 가운데 책을 써서 자신을 브랜딩하려는 사람들이 많다. 그들에게 한 가지 공통점이 있다. 평소 책 읽기를 가까이한다는 것이다. 책을 읽다 보면 '나도 내 이름으로 된 책을 한번 써볼까?' 하는 생각도 가지게 된다.

동시대를 사는 직장인들, 특히 중년들은 하루하루가 전쟁이다. 아침부터 밤늦게까지 눈코 뜰 새가 없다. 그렇다 보니 진중한 사색은커녕 책 한 권 읽기가 쉽지 않다. 하지만 억지로라도 짬을 내서 책을 읽어야 한다. 그래야 길이 보이고 미래가 보인다. 책을 읽지 않는다면 도살되기를 마냥 기다리는 가축과 다를 바 없다.

자기경영 계발서의 대표적인 저자 공병호 박사가 있다. 그는 저술, 강연, 칼럼 기고로 누구보다 바쁘게 살고 있다. 그는 2001년 『공병호의 자기경영노트』를 낸 이후 지금까지 100여 권의 책을 펴냈다. 1년에 평균 열 권 가량을 출간한 셈이다. 그가 이토록 많은 책을 펴내고 직장생활을 할 때보다 더 바쁘면서도 즐겁게, 경제적으로 풍요롭게 살 수 있었던 힘은 독서에서 비롯되었다. 그가 다작가이기 전에 다독가로 널리 알려져 있는 것만 봐도 얼마나 많은 책을 읽는지 알 수 있다.

그는 30대 초반에 두 권의 책을 만나 인생이 바뀌었다고 말한다. 1976년 노벨경제학상을 수상한 프리드리히 하이에크의 저서 『노예의 길』과 『치명적인 자만』이었다.

그는 한 강연에서 이렇게 말했다.

"지식인들도 나쁜 사상과 신념을 팔 수 있습니다. 그게 가능하죠. 상품을 판매하는 것과 똑같습니다. 세상에는 불량상품처럼 불량사상도 많습니다. 많은 책을 읽을 필요는 없어요. 세월을 통해 검증된 책을 가까이하기 바랍니다. 그 책이 여러분의 삶을 구원할 수 있을 것입니다."

그렇다면 어떻게 읽어야 할까? 그는 마음먹고 책을 읽겠다는 생각부터 버려야 한다고 조언한다. 독서는 그냥 틈틈이 읽어나가는 것이기 때문이다. 정 시간이 없다면 국내 주요 일간지의 신간 소개를 읽는 것도 바람직하다고 말한다. 신문사에서 그 책의 가장 핵심적인 메시지를 요약 정리해놓았기 때문이라는 것이다.

그는 언제 어디서나 책을 들고 다닌다. 그의 가방에는 어김없이 책 한두 권이 들어 있다. 은행에서 볼일을 보거나 이발소에서 대기할 때 자투리 시간을 활용해 책을 보기 위해서다. 그는 17년간 같은 아파트에 살고 같은 이발소를 다녔지만, 이발소에서 대기하는 시간이 20분인데 아버지들이 책을 가져와 읽는 것을 본 적이 없었다고 말했다. 책을 읽느냐, 그렇지 않느냐와 같은 작은 차이가 인생의 차이를 만든다.

나는 마흔 즈음이 되면 자신만의 서재를 만들 필요가 있다고 생각한다. 장석주 시인은 마흔에 서재를 만들어야 하는 이유를 "창의력의 산실이고, 지력(智力)의 근거이며, 지적 생산의 현장"이기 때문이라고 말한다. 그리고 이렇게 덧붙인다.

"인생은 뒤돌아볼 때 비로소 이해되지만, 우리는 앞을 향해 살아가야 하는 존재입니다."

인생은 길어졌고, 은퇴는 빨라졌다. 그래서 새로운 인생을 시작하는 갈림길에 접어든 이 시대의 마흔들은 어느 나이대보다 많은 책을 읽어야 한다. 책에서 인생의 돌파구를 찾고 인생의 비전을 품어야 하기 때문이다. 그래야 지금보다 더 나은 인생 2막을 만들어갈 수 있다.

지금 바쁘다는 핑계로 책을 들지 않는다면 갈수록 책 읽을 시간은 부족할 것이다. 더불어 인생을 바꿀 기회 역시 줄어들 것이다.

05

함께 어울리는 사람을
바꿔라

마흔을 넘어선 사람들은 두 부류가 있다. 만날수록 득보다 실이 많은 인맥을 가진 사람과 만날수록 실보다 득이 많은 인맥을 가진 사람이다. 전자들은 퇴근 후 그들과 술자리를 가지며 상사와 회사 욕을 해댄다. 나아가 와이프와 자식들에 대한 험담까지 주저리주저리 늘어놓는다. 그러면서 지금 자신이 힘든 이유를 사회 탓, 회사 탓, 가족 탓으로 떠넘긴다.

반면에 후자들은 퇴근 후 시간을 술이나 마시며 헛되이 보내지 않는다. 인생 2막을 위해 자기계발 세미나에 참석하거나 자신처럼 꿈과 비전을 가진 사람들과 어울려 정보를 주고받는다. 그렇게 상호 동기부여를 해가면서 더 나은 미래를 위한 초석을 다진다.

당신은 두 부류 가운데 어떤 부류의 인생 2막이 밝을 거라고 생각하는가? 그렇다. 당연히 후자의 부류다. 그들이 가까이하는 사람들은 하나같이 인생 2막에 도움이 되는 사람들이기 때문이다. 그러니 때로 현실에 안주하려거나 딴생각을 하다가도 퍼뜩 정신을 차리게 된다. 잘될 수밖에 없는 시스템에 있는 것이다.

나는 불혹, 40대에 접어들었다면 진짜 인맥을 만들어야 한다고 생각한다. 그러기 위해선 먼저 구축되어 있는 인맥 중에서 내 삶을 갉아먹고 있는 빈 쭉정이 같은 인맥은 버려야 한다. 어떤 일이건 쇄신하기 위해선 뼈를 깎는 노력이 필요하다. 인맥 역시 마찬가지다. '버릴 각오'와 '끊을 용기'가 필요하다. 버려야 새로운 인맥을 얻을 수 있다.

40, 50대들은 자조적 아픔을 말하지만 그러고만 있지 말고 적극적으로 새로운 인생을 설계해야 한다. 주변을 둘러보면 다들 사오정이 되지 않기 위해서 안간힘을 쓰고 있다. 하지만 그들은 가장 중요한 것을 실행하지 못한다. '버려야 할 인맥'을 끊지 못한 채 자신의 소중한 시간과 에너지를 소진시키는 인맥들과 계속 어울리면 희망찬 인생 2막이란 없다.

지금껏 당신의 삶이 마음에 들지 않았다면 이제부터라도 모든 인간관계를 초기화해야 한다. 그리하여 새로운 인생 후반전을 위해 '진짜 인맥'을 만들려고 노력해야 한다. 진짜 인맥은 꼭 만나고 싶은 사람들 위주로 만날 때 형성된다.

위로받고 싶은 마흔 벼랑 끝에 꿈을 세워라

시간은 쏜살같이 흐르고 있다. 우물쭈물하다가 인생 훅 가는 수가 있다. 인생 2막에 도움이 되는 꼭 필요한 사람들이 누구인지 살펴보고 그들과 가까이해야 한다. 무난한 백 명보다 확실한 한 명이 낫다는 것을 명심하라. 미련이 남더라도 독하게 버리고 꼭 필요한 사람들을 간절히 만나야 한다.

지인 중 하루가 멀다 하고 술을 마시는 사람이 있다. 퇴근 후 그가 찾는 곳은 다름 아닌 술집이다. 그러다 보니 부부싸움이 잦다. 그랬던 그가 어느 날부턴가 술을 마시지 않았다. 나는 그 이유가 궁금해서 물었다. 답은 간단했다. 술친구들을 끊은 것이었다. 술친구들과의 관계를 끊음으로써 술에 대한 유혹에서 벗어난 것이다.

그는 자신이 금주하기로 결정했을 때 있었던 일을 이렇게 설명했다.

"그동안 술친구들과 가까이 지냈을 때는 일주일에 5일은 술에 절어 있었습니다. 그런데 어느 날 와이프와 크게 부부싸움을 하고 나서 저의 과거를 돌이켜보았습니다. 그러자 제 자신이 부끄러울 정도로 인생을 잘못 살았다는 것을 깨달았습니다. 그때 저는 술친구들을 멀리하기로 했고, 자연히 술 마시는 빈도가 줄어들었고, 이제는 술을 아예 마시지 않고 있습니다. 사실, 제가 술을 끊기로 결정하자 친구들도 더 이상 연락을 해오지 않아 더 빨리 정리할 수 있었습니다."

그가 술친구들을 정리하자 서서히 술을 마시지 않는 새로운 친구들이 생겨났다. 현재 그는 새 친구들과 주말마다 등산을 하거나 테니스를 치며 시간을 보낸다. 그는 진즉에 술친구들을 끊고 인생에 도움이 되는 친구들을 만났더라면 하는 아쉬움을 가지고 있다.

대기업에서 근무하다 40대 후반에 퇴직한 L이 있다. 그는 이른 나이에 은퇴한지라 한동안 멍했다. 1년의 절반가량을 산을 타고 책을 보며 시간을 보냈다. 그러던 중 우연히 함께 퇴직한 회사 선배가 은퇴설계 교육을 받고 있다는 소식을 들었다. 그는 '하릴없이 시간을 보내느니 한번 가보자'는 마음으로 은퇴설계 교육에 참석했다.

교육장에서 만난 사람들은 하나같이 긍정적인 마인드로 인생 2막을 준비하려는 이들이었다. 그는 그들에게서 다양한 지식과 정보를 얻을 수 있었다. 비슷한 꿈을 꾸는 사람들 속에서 그는 등산을 하고 여행을 다니는 것과는 또 다른 즐거움을 느꼈다. 특히 그들과 지내면서 조금씩 삶의 가치관이 달라지기 시작했다.

"저는 은퇴설계 교육을 받으면서, 아등바등 살아가는 게 인생의 전부가 아니라는 걸 느꼈습니다."

그는 직장생활을 할 때 막연히 남을 돕고 싶다는 마음은 있었지만 구체적으로 실천에 옮기지 못했다. 그 역시 대부분의 직장인처럼 시간에 쫓겼고 마음에 여유가 없었기 때문이다. 하지만 지금은 남을 도우면서 인생 2막을 설계할 새로운 길을 모색하고 있다. 그는 이른 나이의 은퇴로 마음 한구석에 자리해 있던 인생의 공허함을 떨쳐내고, 인생 2막에 대한 기대와 설렘으로 하루하루를 보내고 있다.

나카야마 마코토의 『마흔에 꼭 만나야 할 사람 버려야 할 사람』이라는 책이 있다. 그는 책에서 독수리, 부엉이, 제비, 백조, 콘도르와 같은 사람을 만나라고 조언한다.

독수리 같은 사람이란 넓게 보고 나의 잘못을 지적하고 개선할 점을 말해주는 사람을 뜻한다. 이런 사람은 나를 좀 더 새롭게 변화시켜줄 사람이다.

내가 어두워서 잘 보지 못할 때 잘 보는 사람이 부엉이 같은 사람이다. 내가 판단하지 못하는 것을 볼 수 있는 능력은 나의 약점을 보완해줄 수 있다.

제비는 소개 능력이 뛰어난 사람에 비유한다. 자신에게 행운의 호박씨를 물어줄 것이라고 말한다.

백조는 나에게 항상 자극을 제공하는 사람을 말하는데, 지금보다 더 나은 사람이 되기 위해선 마인드를 변화시키도록 자극을 주는 백조 같은 사람을 만나야 한다는 것이다.

나와 대립하는 의견을 말해주는 사람이 콘도르 같은 사람이다. 이런 사람은 마음으로는 거스르겠지만 조화를 이룬다면 시행착오를 겪을 가능성을 줄일 수 있다.

나카야마 마코토는 책에 이렇게 쓰고 있다.

'진짜 인맥을 손에 넣으려면 지금까지 얕게 형성된 인간관계를 초기화하고, 진정으로 필요한 인간관계를 간파해서 필요 없는 사람은 버리고 부족한 사람은 보충해야 한다. 40대가 된 당신에게 필요한 최강의 인맥을 만들어내려면 먼저 버려야 한다.'

사람은 사회적 동물이어서 절대 혼자서 살아갈 수 없다. 그래서 우리는 학창 시절부터 직장생활에 이르기까지 누군가와 관계를 맺으며 살아왔다. 그리고 그 인맥들이 지금의 내 인생을 만들었다.

지금 내 인생이 행복하다면 행복한 인생을 살도록 자극해준 인맥들과 가까이했을 테고, 반대로 인생이 불행하게 여겨진다면 소중한 내 시간과 에너지를 소진시킨 인맥들과 가까이했을 것이다. 지금 어떤 인생을 살고 있든 더 나은 인생을 살기 위해선 함께 어울리는 사람을 바꿔야 한다. 무엇보다 마흔에는 버려할 사람, 만나야 할 사람이 있다는 것을 기억해야 한다. 자신이 만나는 사람들에 따라 인생 2막이 달라지기 때문이다.

솔개는 최고 약 70세의 수명을 누릴 수 있는데 이렇게 장수하려면 약 40세가 되었을 때 매우 고통스럽고 중요한 결심을 해야 한다. 솔개는 대략 40세에 이르면 발톱이 노화되어 사냥감을 그다지 효과적으로 잡아채지 못한다. 부리도 길게 자라 가슴에 닿을 정도가 되고, 깃털 역시 두껍게 자라 하늘 높이 날아오르는

데 애를 먹는다.

이때 솔개에게는 두 가지 선택만이 남는다. 이대로 죽음을 택하거나 갱생의 길을 택하는 것이다.

갱생의 길을 선택한 솔개는 먼저 산 정상 부근으로 높이 날아올라 그곳에 둥지를 짓고 머물며 고통스런 수행을 시작한다. 부리로 바위를 쪼아 부리가 깨지고 빠지게 만드는 것이다. 그러면 서서히 새로운 부리가 돋아난다. 그런 후 새로 돋은 부리로 발톱을 하나하나 뽑아낸다. 그리고 새로 발톱이 돋아나면 이번에는 날개의 깃털을 하나하나 뽑아낸다. 그렇게 약 반년이 지나 새 깃털이 돋아난 솔개는 완전히 새로운 모습으로 변신한다. 그리고 다시 힘차게 하늘로 날아올라 30년의 수명을 더 누리게 되는 것이다.

지금 나나 당신은 40세가 된 솔개와 다를 바 없다. 인생에서 중대한 선택을 해야 한다. 그동안 만나왔던 버려야 할 사람들을 계속 만나면서 더욱 힘든 인생을 살거나, 독하게 마음먹고 새로운 인맥들로 바꿈으로써 2막에 대한 초석을 다지는 것이다.

몇 해 전, 나 역시 어떤 일을 계기로 사람을 가려서 만나야겠다는 결심을 한 적이 있다. 인정에 이끌려 불필요한 사람들을 만나다 보니 좋지 않은 일들에 연루되었기 때문이다. 그래서 그때 많은 사람을 정리하게 되었다. 물론 시간이 지나면서 자연히 빈자리에 새로운 인맥들이 채워졌다.

사람은 누구나 그동안 만나왔던 사람들과의 관계를 정리하려고 하면 죄를 짓는 기분이 든다. 그러면서 한편으로 외롭지 않을까, 하는 위기의식도 들게 마련이다. 하지만 그런 마음은 어떤 일을 하든 마찬가지다. 남은 인생의 후반전을 제대로 살고 싶다면 독한 마음을 가져야 한다. 정말 나와 맞지 않거나 도움이 안 되는 부정적인 사람들은 과감히 정리해야 한다. 지금 내가 만나는 사람들에 의해 미래가 만들어지고, 대부분의 기회 역시 사람과 사람 사이에서 나온다는 것을 잊어선 안 된다.

06

모든것을
회사에 투자하지 말라

"경기 악화로 인해 제가 구조조정 명단에 올랐습니다. 그런데 그 결정이 지난달 말에 통보되었고 저에게 알려진 것은 지난주 화요일입니다. 팀장님은 어쩔 수 없었다면서 지켜주지 못해 미안하다고 말씀하시더군요. 아직 서면상으로 내려온 것은 아무것도 없는데 오늘 오전부터 인사과에서 구조조정 명단에 오른 사람들을 부르는 것을 보니 아무래도 사직서를 쓰라고 하려는 것 같습니다. 10년 가까이 일했던 곳을 떠나려니 왠지 모르게 눈물이 나고, 앞으로 무얼로 먹고살아야 할지 막막하기만 합니다."

한 중견 기업에서 과장으로 있는 O의 하소연이다. 그는 대학 졸업 후 두 군데의 직장을 거친 후 지금의 회사에 입사했다. 그는 그동안 지각 한 번 하지 않았을 정도로 누구보다 열심히 일했다고 자부한다. 그저 최선을 다해 일하면 선배들처럼 20년 정도는 아무 일 없이 몸담을 수 있을 거라고 생각했다. 하지만 착각이었다.

대기업에서 임원으로 퇴직한 한 수강생의 말이다.

"사회생활을 많이 해보지 않은 사람이나 중소기업에서 일하는 이들 가운데 대기업을 마치 신의 직장인 것처럼 생각하는 사람이 많습니다. 저는 그들을 볼 때마다 정말 안타까운 생각이 앞섭니다. 물론 중소기업에 비해 대기업은 보수도 좋고 근무 환경도 좋습니다. 하지만 조직이 크면 클수록 직원들에 대한 배려가 적은 게 조직의 생리라고 할 수 있어요. 갑자기 회사가 경영난을 겪게 되면 회사는 '구조조정'부터 단행합니다. 열 명이 신입사원이면 대리는 여덟 명 달고, 다시 여섯 명이 과장 달고…… 위치가 높을수록 자리가 적어지게 마련입니다. 못 올라가면 벼랑으로 몰리거나 스스로 물러나는 수밖에 없어요. 그래서 저는 회사에 모든 것을 투자하지 말라고 충고합니다."

그렇다. 회사에 아무리 충성하고 헌신해봤자 언젠가는 토사구팽 신세가 된다. 지금 당장은 성과를 발휘하는 등 상사에게 인정도 받지만 그런 장밋빛 일상이 언제까지 갈지 아무도 예상할 수 없다. 내가 아무리 열심히 일해도 글로벌 경제위기로 회사가 어려움을 겪게 된다면 회사는 손실을 줄이기 위해 가장 먼저 구조조정의 칼을 빼들 것이기 때문이다. 그 순간 회사에 오래 근무했고 성실하게 일했는가는 그다지 중요하지 않다. 주로 살아남는 사람은 라인을 잘 탄 사람이다.

나는 직장생활을 할 때 물론 최선을 다해 자신의 모든 것을 쏟아 부을 필요는 없다고 생각한다. 전부를 회사에 바친 사람일 수록 회사에서 '팽' 당했을 때 서운함과 원망을 쏟아낸다. 따라서 밥벌이가 가능한 지금, 머지않아 회사에서 나오게 될 것을 예상하고 인생 2막을 위한 자기계발에 시간과 노력을 기울여야 한다.

지인 중 직장인 J가 있다. 그는 매일 새벽 다섯 시에 기상해 자신이 하고 있는 혁신에 관한 글을 쓰고 있다. 오전 다섯 시부터 일곱 시까지 글을 쓴 지 벌써 1년이 다 되어간다. 그는 이렇게 말한다.

"처음에는 아침 일찍 일어나기가 힘들어 책 쓰기를 포기할까 했는데 이제는 습관이 되어 하루도 글을 쓰지 않으면 마음이 개운치 않을 정도입니다. 이제 원고도 막바지에 이르렀고 내 책이 세상에 나온다는 생각만 하면 가슴이 뛰고 정말 행복합니다."

그는 직장생활을 하면서 틈틈이 책을 펴낼 계획을 갖고 있다. 5년 후에는 자신의 이름을 딴 연구소를 차려 1인 기업가로 나설 계획이다.

직장인들 중에는 자기계발을 한답시고 무턱대고 대학원에 진학하는 이들이 있다. 이는 바람직하지 못하다. 대부분 시간과 노력, 경제적인 손실만 입은 채 중도에 포기하기 때문이다.

식품 업체에서 근무하는 과장 L은 2년 전 경영대학원에 진학했다. 석사학위를 받으면 자신의 전문성을 더 인정받아 향후 연봉 협상에서나 이직을 할 때 유리할 것이라고 판단했기 때문이다. 그런데 대학원생활은 생각보다 쉽지 않았다. 회사 특성상 잔업이 많아 야근을 해야 하는 상황인 데다가 대학원 수업까지 들어야 하니 몸이 열 개라도 모자랄 지경이었다. 한 학기를 겨우 마친 그는 결국 휴학할 수밖에 없었다.

그는 이렇게 아쉬워했다.

"대학원에 진학하기 전 일과 학업을 병행하는 것에 대해 충분히 생각해보고 회사의 동의를 구하는 문제나 학비 등 여러 사항을 심사숙고했다면 휴학을 하지 않아도 됐을 텐데, 대학원 진학을 너무 쉽게 생각한 것 같습니다."

다시 말하지만 직장인들 중 자기계발에 대한 중요성을 모르는 사람은 거의 없다. 하지만 앞서 소개한 L처럼 무턱대고 자기계발을 해선 안 된다. 자기계발을 통해 앞으로 어떤 일을 하겠다는 분명한 목적의식과 계획을 세워 실천해 나아가는 것이 중요하다.

예를 들어 현재 웹 디자인 업무를 맡고 있으면 이를 바탕으로 웹 기획을 하겠다는 목표를 세워 기획 관련 전문 강의를 수강하라. 스스로 동기부여가 되어 수업이 즐거울 것이고, 자연히 열정적으로 참여할 수 있을 것이다. 하지만 같은 상황에서 뭐든

배워두면 도움이 되겠지 하는 막연한 생각으로 기획 관련 강의를 수강한다면 얼마 지나지 않아 쉽게 흥미를 잃고 그만두게 될 것이다.

얼마 전 변화경영전문가 구본형 소장이 타계하였다. 그는 16년 동안 한국 IBM에서 혁신팀장으로 근무했다. 물론 잘나가는 샐러리맨이었다. 그런데 어느 날 문득 '3년 후, 5년 후 내 모습은 어떨까?' 하는 생각이 들었다. 그러자 미래에 대한 불안감이 파도처럼 밀려왔다. 혁신팀장으로서 샐러리맨으로는 성공한 위치에 있었지만 한편으로는 눈이 침침해지고 머리가 벗겨진 자신의 또 다른 모습을 발견했다. 일종의 자각이었다.

그는 고민 끝에 한 달간 휴가를 내고 '산사 단식원'에 들어갔다. 그만큼 심적인 절박감을 느꼈던 것이다. 수행 과정에서 자신의 현주소를 제대로 들여다보고 변화하는 시대에 맞춰 '나'를 철학적, 실용적으로 바꾸기로 결심했다. 그 결심은 지금 자신이 회사에서 하고 있는 혁신을 책으로 쓰는 것이다. 그렇게 해서 1997년 『익숙한 것과의 결별』을 출간할 수 있었다. 책은 출간되자마자 베스트셀러에 올랐고, 강연과 칼럼 기고 요청이 쇄도했다. 그 후 그는 『낯선 곳에서의 아침』이라는 변화에 관한 저서로 명실상부한 베스트셀러 작가가 될 수 있었다.

그는 자신의 이름을 내건 1인 기업 '구본형변화경영연구소'를 설립해 본격적으로 1인 기업가로 나섰다. 그렇게 스스로 '변화경영전문가'라고 이름을 붙여 저술과 강연, 칼럼 기고, 코칭으로 누구보다 행복한 인생 2막을 살았다.

과거 평범한 직장인이었던 그가 1인 기업가로 성공할 수 있었던 비결은 무엇일까? 나는 그의 성공 비결로 두 가지를 꼽고 싶다.

첫째, 회사에 모든 것을 걸지 않았다.

둘째, 좋아하는 일과 잘하는 것을 통해 새로운 수입원을 창출했다.

이 두 가지가, 직업 세계에 몸담고 있으면서도 하루하루 불안한 여느 직장인들과 구 소장의 다른 점이다. 그가 회사에서 맡고 있던 혁신프로젝트를 통해 차별적으로 특화된 브랜딩을 할 수 있었던 비결인 셈이다.

세상에는 자신이 원하는 일을 하면서도 경제적으로 풍요로운 사람들이 헤아릴 수 없이 많다. 그렇다고 해서 마냥 그들을 부러워만 해선 안 된다. 왜냐하면 당신도 충분히 그런 인생을 살 수 있기 때문이다. 어떻게 가능할까?

'평생 할 수 있는 직업을 찾아라.'

진정한 인생 2막을 위한 준비는 직업 세계에 몸담고 있는 지금부터 시작해야 한다. 자신이 좋아하고 즐기며 일할 수 있는 직업을 찾아야 한다. 주변의 시선을 의식하기보다 자신이 하고 싶은 일을 하는 게 무엇보다 중요하다.

인생은 내 것이다. 내가 인생을 리드하고, 변화를 두려워하지 않을 때 보이지 않던 기회들이 하나씩 보이기 시작한다. 물론 혹자는 그게 어디 말처럼 쉬우냐고 반문할 수 있다. 충분히 공감한다. 하지만 지금 이런 고민을 하는 사람과 안 하는 사람의 미래는 천양지차다.

평사원도, 임원도 언젠가 회사를 떠나야 할 시기가 닥친다. 그때를 대비해 미리 준비해야 한다. 자기계발을 하거나 저서를 써서 네임 브랜딩을 해야 한다. 자신의 이름이 브랜딩 되어 있다면 어느 날 갑자기 회사에서 구조조정이나 권고사직 통보를 듣게 될지라도 마음이 흔들리지 않는다. 오히려 내가 좋아하는 일에 온전히 집중할 수 있게 되어 마음이 홀가분할 것이다. 이 것이야말로 나를 내치는 회사에 대한 달콤한 복수 아닐까.

07

이제 밥벌이가 아니라
꿈을 위해 살아라

잔뜩 화가 난 여자가 고개를 세차게 저으며 남자 얼굴에 쉴 새 없이 침을 튀긴다. 이어서 이런 자막이 나온다.

'침 튀기며 설교만 하는 그대는 차장인가, 세차장인가?'

한 취업 포털의 CF다. 직급별 캐릭터의 특징을 절묘하게 포착한 7편의 시리즈 중 유일한 여성 주인공은 차장이다. CF의 주인공은 여성 차장이지만 현실에선 남자들이 즐비하다. 그들 중 대부분이 20대 때 가슴 뛰게 했던 꿈을 망각한 지 오래다. 꿈 대신 현실적 문제인 밥벌이를 위해 묵묵히 일만 하고 있다. 오죽하면 이런 말이 다 생겨났을까.

"일만 하는 그대는 국장인가, 청국장인가?"

직장생활을 하다 보면 목을 바짝 죄어오는 넥타이를 벗어버리고 싶고, 사표를 내던지고 싶은 적이 한두 번이 아니다. 그래서 차라리 '빨리 나이가 들어 은퇴를 하면 얼마나 좋을까?' 하는 생각마저 한다. 물론 은퇴한다고 해서 지금보다 더 나은 상황의 노후를 보내리라는 보장은 어디에도 없다. 오히려 밥벌이가 불가능해진 탓에 더 곤궁해지고 초라해질 것이다.

만일 은퇴를 하면 나에게 얼마나 많은 여가 시간이 주어질까? 하루 24시간 중 잠자는 시간과 식사하는 시간을 포함한 필수 생활 시간을 제외하면 하루 평균 11시간가량이다. 60세에 은퇴를 한다고 가정했을 때, 이후 20년의 노후를 적용해보면 하루 11시간씩 총 8만 시간이라는 엄청난 시간이 주어진다. '은퇴 후 주어지는 기나긴 시간을 어떻게 견디면서 살아야 할까?' 하는 불안과 두려움이 쓰나미처럼 밀려온다. '준비되지 않은 은퇴는 재앙과 같다'라는 말이 피부에 와 닿는다.

주위를 둘러보면 평생을 직장생활에만 충실하다가 어느 날 갑자기 날아든 권고사직, 구조조정 등의 칼날에 베어 일순간에 비루해진 선배들이 있다. 그들은 조직에 몸담고 있던 시절에는 명함에 적혀 있는 회사명과 직함이 마치 자신의 계급장인 줄 알고 행동했다. 하지만 계급장이 떨어진 지금은 그 누구도 찾아주는 이가 없다.

퇴직 후 초기에는 그동안 바쁘게 사느라 만나지 못했던 친구들을 만나 술잔을 기울이면서 시간을 보냈지만 이젠 친구들이 슬슬 피하는 눈치다. 친구들이 피하는 눈치를 주자 더는 전화를 걸 용기도 나지 않는다. 그래서 근처 산을 오르거나 공원을 다니며 시간을 보낸다. 하지만 산을 타고 공원을 걷는 일도 일주일 내내 할 순 없다.

한 대기업에서 근무했던 선배 L이 말했다.

"직장생활을 할 때 회사 하나만 바라보지 말고 노후를 생각해서 진정으로 좋아하는 일을 해야 해. 회사에 목맨다면 회사에서 나오는 순간 개털 신세가 돼. 회사에 헌신하면 언제까지나 지켜줄 것 같지? 개뿔 같은 소리! 절대 그런 일은 없어. 지금 다니는 회사가 내가 세운 회사도 아니고 언제든 내칠 준비를 하는 조직이 회사야. 나처럼 털 빠진 닭 신세 되지 않으려면 자네 자신을 위해 살아. 그래야 잘되든, 못 되든 후회가 없어."

선배의 말은 그저 주어진 현실에 나를 맡긴 채 살아가는 나에게 몹시 충격적이었다. 과거 내가 가졌던 꿈도 떠올려보게 되었고, 비록 많은 시간이 지났지만 지금부터라도 내가 진정으로 좋아하는 일, 잘하는 일을 하며 살자고 다짐하는 계기가 되었다. 지금도 그 선배의 말이 뇌리에서 떠나지 않는다. 그 말을 해준 선배가 고맙다.

나는 정기적으로 지인들과 함께 주말을 이용해 봉사 활동을 하고 있다. 그러면서 알게 된 마흔 중반의 가장은 이렇게 토로했다.

"제가 그동안 근무했던 직장마다 몇 년 지나면 회사 사정이 어려워져서 명예퇴직, 구조조정을 하는 바람에 직장을 일곱 번 옮겨 다녔습니다. 지인과 소규모 사업을 일 년 정도 하다가 지금은 그것마저도 그만두었고요. 주위에선 다들 저와 사업이 맞지 않으니 그냥 직장이나 다니라고 하더라고요. 그래서 다시 직장을 구하고 있는 중인데 나이가 많아서인지 예전처럼 직장 구하는 게 여간 어렵지가 않습니다. 갈수록 집안의 경제 상황도 나빠지다 보니 와이프와 자주 말다툼을 벌입니다. 살아오면서 남한테 특별히 손해 안 끼치고 그저 제가 있는 곳에서 성실하게 살아왔다고 자부하는데, 왜 이렇게 힘든 날들만 이어지는지, 정말 속상합니다. 아이들도 계속 커가는데, 언제쯤 경제적으로나 직장으로나 뭐든 제가 하는 일이 안정될 수 있을까요? 또 과연 나이도 많은데, 직장을 구한다손 치더라도 직장생활을 오래 할 수 있을지 의문입니다. 언제쯤 이런 막막한 현실에서 벗어날 수 있을까요?"

나는 그에게 이렇다 할 조언을 해주지 못한 채 가만히 침묵을 지키고 있었다. 누구나 힘든 이 시기에 내 몸 하나 건사하기 힘들다는 것을 잘 알기 때문이다. 하지만 나는 이것만은 꼭 말해 줘야겠다는 생각이 들었다.

"직장생활을 할 때는 최선을 다해 성과를 발휘해야 합니다. 하지만 그렇더라도 너무 직장에만 의존해선 안 된다는 게 제 생각입니다. 전적으로 직장에만 의존하게 되면 예기치 않은 변수, 즉 회사가 도산하거나 구조조정 등으로 회사를 나와야 할 때 또 다시 힘들어집니다. 직장에 다닐 때 밥벌이도 좋지만 인생 2막을 위한 준비를 해야 합니다. 그러기 위해선 먼저 내 꿈이 무엇인지 자문하면서 찾아야겠지요. 확고한 꿈이 있는 사람은 그 어떤 힘든 일이 생겨도 감내하면서 이겨냅니다. 힘든 시기를 잘 견뎌내면 분명 좋은 날이 온다고 믿기 때문입니다."

나는 직장인들을 대상으로 강연을 할 때면 종종 '공병호경영연구소'의 공 소장을 예로 든다. 그는 한 조직에 얽매이지 않고 퍼스널 브랜드를 내세워 저술 활동과 강연을 하면서 누구보다 행복한 인생을 만끽하고 있는 인물이다. 그가 지금처럼 누구나 부러워하는 억대 수입의 작가이자 1인 기업가로 성공할 수 있었던 것은 밥벌이가 아닌 자신의 꿈을 위해 살았기 때문이다.

그는 대한민국 '지식산업' 시대의 선도자이자 1인 기업의 창시자이다. 1인 기업을 만들기 전 그는 1997년 4월에 자유기업센터 창설을 진두지휘했는가 하면 초대 소장을 맡기도 했다. 소규모 기부금을 받아 1,000만 달러 규모의 보수주의적 싱크탱크를 탄생시키는 쾌거를 이루기도 했다. 공 소장은 이 연구 단체의 리더로서 '자유주의 세일즈맨' 역할을 했다. 그렇게 자신이 이룰 꿈의 초석을 다지기 시작한 것이다.

한때는 실무경제 경험을 위해 경영자의 길을 걷기도 했던 그는 2001년 10월 '공병호경영연구소'를 설립하면서 본격적으로 1인 기업가로 나섰다. 미국의 경영학자 피터 드러커, 일본의 경제학자 오마에 겐이치, 프랑스의 경제학자 자크 아탈리, 프랑스의 칼럼니스트 기 소르망 등을 벤치마킹했다. 그러면서 경영과 경제 전반에 대해 대중적인 글과 아울러 강연, 기고, 방송, 경영 컨설팅 등으로 새로운 영역을 개척해나갔다. 그 결과 지금의 공병호가 있게 된 것이다.

그는 어느 인터뷰에서 자신의 성공 비결에 대해 이렇게 말했다.

"역할모델이 없어 새 길을 가야 한다는 데 두려움이 있었습니다. 그럼에도 불구하고 나름대로 자리를 잡을 수 있었던 것은 조직생활 십오 년 동안 강연, 글쓰기, 기회포착, 타인의 마음 사기 등을 준비하고 미래를 위해 투자했기 때문입니다."

지금 이 글을 읽는 이들 대다수가, 아니 어쩌면 모두가 사표를 쓰고 싶은 마음이 굴뚝같을 것이다. 그 마음 잘 안다. 나 역시 그런 경험을 수백 번 겪었기 때문이다. 하지만 진짜로 사표 쓰기보다 마음속으로 사표를 쓰고 '내 인생의 주체는 바로 나'라는 주도적인 생각으로 살아야 한다. 또한 지금 승진도 하고 연봉도 올랐다고 해서 우쭐해선 안 된다. 지금 내가 누리는 모든 것들은 남이 만든 회사에서 나오는 것들이기 때문이다. 언제든 상황이 급변할 수 있다는 것을 명심해야 한다.

직장에서 일에 파묻혀 사는 동안 대부분 자신의 꿈과는 점점 멀어지게 된다. 그러다 어느 순간 자리에서 밀려나면 그때부터 좌절과 방황이 시작되고 지독한 사춘기를 겪게 된다.

이제 더 이상 밥벌이에만 목숨을 걸면서 간이고 쓸개고 다 빼줘선 안 된다. 짧게는 10년, 길게는 20년 이상을 직장에 헌신했다면 이제부터는 오롯이 나를 위해서 살아야 한다. 내 꿈을 위해 살아야 한다. 그러기 위해선 지금 나에게 주어지는 인생의 하프타임을 잘 활용해야 한다. 그래야 인생의 후반전만큼은 뒷심을 발휘해 꿈의 인생 2막으로 내달릴 수 있다.

인생은 학벌과 몸담았던 조직 혹은 배경보다는 어떤 꿈을 갖고 청사진을 어떻게 그리면서 줄기차게 나아가느냐에 따라 그 미래가 완전히 달라진다는 것을 기억하자.

08

나이에 지지 않는
진짜 인생을 살아라

　"오십을 앞두고 있는 지금, 인생이 재미없다는 생각이 자주 듭니다. 사실, 가정에서건 직장에서건 뒷방 노인네 취급을 당하는데 무슨 맛으로 살겠어요? 자식들은 '아버지는 몰라도 돼요. 언제부터 우리에게 관심 가졌나요?'라며 대들지, 회사에선 후배들이 기를 쓰고 올라오는 데다 언제 잘릴지 모르지, 창업하려고 해도 저축해놓은 돈이 없어 엄두도 못 내지, 자식들 학비 걱정에 노후 대비 생각만 하면 그저 한숨만 나옵니다."

　중견기업에서 팀장으로 근무하고 있는 L의 푸념이다. 그는 요즘 사는 게 아니라 죽지 못해 연명하고 있을 뿐이라고 말한다. 사람들은 그가 힘들어하는 이유에 대해 외면적으로 가정과 회사에서 무시당하기 때문이라고 여길 것이다. 하지만 그렇지 않다. 그는 스스로 주체적인 인생을 살지 못한다는 것에 자괴감을 느끼고 있었다.

이는 비단 L만의 문제가 아니다. 사실, 많은 중년이 자신은 나이가 많아 더 이상 20~30대처럼 열정적으로 살아갈 수 없다고 단정한다. 이런 부정적인 생각이 인생에 대한 허무감, 공허감을 만드는 것이다.

정말로 그저 나이가 들었다고 해서 더 이상 내 인생을 주체적으로 살아갈 수 없을까? 다음은 인터넷에서 발견한 '95세 노인의 후회'라는 제목의 글이다.

나는 젊었을 때 정말 열심히 일했습니다. 그 결과 나는 실력을 인정받았고 존경을 받았습니다. 그 덕에 65세 때 당당한 은퇴를 할 수 있었죠. 그런 내가 30년 후인 95세 생일 때 얼마나 후회의 눈물을 흘렸는지 모릅니다. 내 65년의 생애는 자랑스럽고 떳떳했지만, 이후 30년의 삶은 부끄럽고 후회되는 비통한 삶이었습니다. 나는 퇴직 후 '이제 다 살았다. 남은 인생은 그냥 덤'이라는 생각으로 그저 고통 없이 죽기만을 기다렸습니다.

덧없고 희망이 없는 삶, 그런 삶을 무려 30년이나 살았습니다. 30년의 시간은 지금 내 나이 95세로 보면 3분의 1에 해당하는 긴 시간입니다. 만일 내가 퇴직을 할 때 앞으로 30년을 더 살 수 있다고 생각했었다면 난 정말 그렇게 살지는 않았을 것입니다. 그때 나 스스로가 늙었다고, 뭔가를 시작하기엔 늦었다고 생각했던 것은 큰 잘못이었습니다.

나는 지금 95세이지만 정신이 또렷합니다. 앞으로 10년, 아니 20년을 더 살지 모릅니다. 이제 나는 하고 싶었던 어학 공부를 시작하려 합니다. 이유는 단 한 가지, 10년 후 맞이하게 될 105번째 생일엔 95세 때 왜 아무것도 시작하지 않았는지 후회하지 않기 위해서입니다.

위의 글을 읽으면서 가슴이 짠해지는가 싶더니 눈가에 눈물마저 맺혔다. 나 역시 이 책을 쓰기 몇 달 전까지만 하더라도 L처럼 '이 나이에 무슨', '이제 자식들이 잘되는 것이나 보며 살아야지' 하고 생각했다. 그런데 95세의 나이에 10년 후 맞이할 105번째 생일 때 스스로에게 부끄럽지 않기 위해 어학 공부를 시작한다는 어르신의 말씀에 부끄러운 생각마저 들었다. 노인의 글을 읽는 내내 정말 인생은 생각하기 나름이고, 나이는 단지 숫자에 불과하다는 말이 뇌리에 깊이 각인되었다.

우리는 그동안 인생의 전반전을 뛰기 위해 많은 준비를 했다. 12년 이상을 학교에서 지식을 쌓았고 스펙을 쌓기 위해 사회가 요구하는 자격증을 땄는가 하면 끊임없는 자기계발을 통해 강점을 키워왔다. 숱한 시행착오와 시련과 역경을 겪으면서 더 성숙해지고 훨씬 잘할 수 있는 비결도 배웠다. 그렇게 인생의 전반전을 마무리했다.

그렇게 입에 단내가 나도록 치열하게 살았다. 그런데 기껏 중년이 되었다는 이유로 인생 다 살았다는 생각을 하고 인생 2막을 포기한다는 것은 너무나 억울한 노릇이다. 훗날 인생의 뒤안길에서 과거를 회상할 때 분명 후회할 것이다.

사실, 많은 이가 임종하기 직전에 돈을 좀 더 모으지 못했거나 일을 좀 더 하지 못한 것에 대한 후회보다 자신의 뜻대로 인생을 살지 못한 것에 대해 후회한다고 하지 않는가. 인생 1막을 치열하게 준비했듯이 인생 2막 역시 그렇게 준비해야 한다. 앞으로 살아갈 날이 살아온 날만큼 남아 있다는 것을 간과해선 안 된다. 세상을 다 산 사람처럼 손 놓고 허송세월하다간 정말 남은 50년을 지옥처럼 보낼 수 있다.

세상에는 중년이 지나서야 자신의 분야에서 한 획을 그은 사람들이 헤아릴 수 없이 많다. 정신분석학의 창시자인 오스트리아의 지그문트 프로이트가 그렇다. 그는 신경과 의사였지만 40세에 심리학 공부를 시작해서 의학과 심리학을 넘나드는 대가로 인정받았다. 100세가 넘은 인도 출신 영국인 파우자 사인은 2011년 10월에 캐나다 토론토에서 개최된 '워터프론트 마라톤 대회'에서 여덟 시간여 동안 달린 끝에 최하위였지만 완주에 성공하여 세계 최고령 마라토너로 '기네스북'에 등재되었다. 그는 소감에서 이렇게 밝혔다.

"나이는 인생의 걸림돌이 아니라는 사실을 젊은이들이 알게 됐으면 좋겠습니다."

위로받고 싶은 마흔 벼랑 끝에 꿈을 세워라

89세에 마라톤을 시작한 그는 이미 여덟 차례 풀코스 완주 기록을 갖고 있다. 그리고 지금도 매일 16킬로미터씩 달린다고 하니 나이는 단지 숫자에 불과하다는 것을 잘 보여준다.

1961년 세상을 떠난 미국의 국민 화가 모지스 할머니가 있다. 그녀의 인생을 살펴보면 정말 중년은 물론 노년마저도 무엇이든 할 수 있는 나이라는 것을 새삼 느낄 수 있다.

현모양처로 살았던 모지스 할머니는 열 명의 자녀 중 다섯 명을 잃고 남편까지 죽자 자수에 몰입해서 실의를 달래며 시간을 보냈다. 그런데 72세 때 오랜 노동으로 인해 손가락 마디의 관절이 닳은 퇴행성관절염에 걸려 더 이상 자수를 하지 못하게 되었다. 그때 그녀는 포기하는 대신 붓을 잡았다. 76세 때부터 본격적으로 그림을 그리기 시작했는데, 많은 사람이 그녀의 그림을 살 정도였다.

어느 날, 우연히 수집가 루이스 칼더가 시골 구멍가게 윈도우에 걸려 있는 그녀의 그림을 사 갔고, 이듬해 미술 기획가 오토 칼리어가 할머니의 그림을 뉴욕의 전시관에 내놓으면서 모지스 할머니는 일약 스타 화가로 매스컴을 타게 되었다.

그녀는 80세에 첫 개인전을 시작으로 유럽과 일본 등 세계 각국에서 전시회를 열었다. 모지스 할머니는 101세로 세상과 이별하기 전까지 30년 가까이 붓을 놓지 않았다.

미국의 일리노이대학 사회심리학 교수 닐 로즈는 1989년부터 2003년 사이에 이루어진 일련의 연구에서 모든 연령대의 성인들에게 이런 질문을 던졌다.

'만약 과거로 돌아가서 다시 삶을 산다면 무엇을 다르게 하고 싶습니까?'

응답자 중 37.4퍼센트가 학업과 자기계발을 꼽았다. 그다음으로 사랑과 인간관계 15퍼센트, 자녀양육 11퍼센트로 나타났다.

닐 로즈에 의하면, 인간의 뇌는 결혼이나 자녀양육처럼 다시 되돌리기 어려운 일보다는 학업처럼 조금만 더 노력하면 할 수 있었던 일을 하지 않았을 때 더 많이 후회하게 된다고 한다.

사실, 그동안 내가 지나온 과거를 살펴보더라도, 할 수 있는 일을 가족이나 타인들의 부정적인 시선이나 말 때문에 포기한 것, 실패에 대한 두려움 때문에 도전하지 못한 것에 대한 후회가 가장 크다.

인생을 살면서 한 가지 깨달은 것은 사람에게는 그 시기에 맞는 꼭 필요한 일이 있다는 것이다. 그 일을 하지 않으면 미래 역시 영향을 받게 된다. 그래서 나는 청춘들을 대상으로 강연을 할 때면 "꼭 하고 싶은 일이 있다면 남의 눈치를 보지 말고 도전하라"고 말한다. 설령 실패하더라도 그 실패를 통해 얻는 것이 많을뿐더러 그만큼 자신이 성숙해지고 발전하게 된다. 많은 사람이 과거와 다를 바 없는 인생을 사는 것은 자신이 하고 싶은 일, 잘하는 일에 머뭇거리기 때문이다. 그래서 발전이 없는 것이다.

진짜 인생은 마흔 고개를 넘는 순간부터 시작된다. 피터 드러커는 95세가 넘은 나이에도 왕성하게 연구와 저술 활동을 병행했다. 미국 연방준비제도이사회의 전 의장이었던 앨런 그리스펀은 80세가 넘어서도 아침에 두 시간씩 국내총생산에서부터 세탁물 통계에 이르기까지 모든 자료를 꼼꼼히 분석했다고 한다.

나는 늙는 것은 일종의 습관이라고 생각한다. 정말 내가 늙었다고 생각하면 늙은이처럼 생각하고 말하게 된다. 반대로 아직 청춘이라고 생각하는 사람은 꿈과 비전과 하고 싶은 일을 떠올리며 매일매일을 활기차게 보낸다.

나이 때문에 인생이 끝났다고 생각하는 이보다 더 어리석은 사람은 없다. 관 뚜껑이 닫히기 전까지 어떻게 될지 알 수 없는 게 사람이다. 실패보다 더 두려운 것은 지금의 나이에 지는 것이다.

미국의 소설가 마크 트웨인은 이렇게 말했다.

"앞으로 20년 후 당신은 저지른 일보다는 저지르지 않은 일에 대해 더 후회할 것이다. 지금 당장 안전한 항구에서 밧줄을 풀고 항해를 떠나 탐험하고, 꿈꾸며, 발견하라."

PART 4

벼랑 끝에
나를 잡아줄
꿈을 세워라

01

바닥을 치면
남은 것은 올라오는 일뿐이다

대기업에서 팀장으로 근무하는 L은 하루하루가 숨 막힌다고
말한다. 15년차 직장인으로 조직에 몸담아오면서 요즘처럼 힘
든 적도 없었다고 토로한다.

"요즘 들어 나 스스로 쫓기는 것 같아요. 뭔가를 이뤄야 한다
는 강박관념이랄까? 직장에선 부하직원들이 팀장인 제가 뭔가
보여주길 기대하는 것 같아요. 부모님도 나이가 드셔서인지 이
것저것 바라시는 게 보이고, 아이들은 과학자, 변호사가 꿈이래
요. 아버지가 되어서 아이들이 꿈을 이룰 수 있도록 어떻게 뒷
바라지해야 하나 싶고……."

그 역시 요즘 사는 게 사는 것이 아니란다. 생각 같아선 어디
론가 훌쩍 여행이라도 떠나고 싶은 심정이다. 하지만 그는 잘

알고 있다. 갈수록 현실이 더 팍팍해질 것임을······.

평범한 이들은 마흔이 지났음에도 여전히 흔들린다. 아니, 전보다 더 심하게 흔들린다. 하루에도 몇 번씩 가슴이 답답하고 주저앉고 싶어진다. 때로는 아무도 없는 곳에서 목 놓아 펑펑 울어버리고 싶다. 그동안 인생의 반을 뭐하며 살았나 싶다.

근속년수가 쌓일수록 월급이 높아짐과 동시에 책임질 일 역시 더 많아진다. 직급이 낮았을 때는 그저 동료들보다 빠른 승진을 꿈꿨지만 이젠 그마저도 버겁다. 물론 서른 후반이 되었을 때에도 지금처럼 감정적 변화가 생기긴 했다. 그러나 지금은 그때와는 비교가 안 될 정도로 훨씬 심하다.

마흔을 넘기고, 특히 결혼이 늦어서 자녀가 아직 어린 가장들의 고민은 단 하나다.

'직장생활이 마냥 보장된 것이 아니므로 직장을 그만둔 후에는 무엇을 해서 먹고살 것인가?'

마흔 고개를 지나는 가장들의 속은 까맣게 타 들어간다. 가슴을 열어볼 수 있다면 그 안은 숫제 고민으로 가득 차 있을 것이다.

그런데 딱 거기까지다. 고민은 많지만 실질적으로 해결할 방법은 없다. 아무리 이리저리 머리를 굴려보고 계산기를 두드려보지만 답은 나오지 않는다. 중년의 치명적인 약점은 모아놓은 돈이 없다는 것이다. 따라서 경제적인 능력은 차치하고서라도 주위 사람들에게 "나 이런 사람이야!" 하고 당당히 이야기할 만

한 무언가를 내놓을 수 있으면 좋으련만 이마저도 여의찮다.

한 후배는 국내 굴지의 증권사에서 지점장으로 근무하다가 명퇴를 했다. 사범대학 출신인 그는 대부분 평범하게 군에 갈 때 ROTC 학군단 지원을 했고, 장교로 입대했다. 제대 후에는 대기업 증권사에 들어갔다. 주식시장이 좋을 때 강남에서 일했고, 지점장까지 지냈다.

이력에서 보듯 그는 친구들 사이에서도 가장 잘나갔다. 그때는 학군단 합격도 실력이었다. 지원자가 많으니 학점도 좋아야 했고, 시험을 통과해야 했다. 친구들이 학교로 갈 때 그는 대기업에 입사했다. 그것도 우리나라 제일의 증권사였다. 소문에 의하면 그 기업은 직원 평균 연봉이 우리나라에서 제법 높은 축에 속했다.

그런데 후배는 입사 때부터 순탄치 않았다. 사범대학 출신으로 증권 업무를 하는 것이 여간 힘들지 않았다. 입사 동기들은 이미 대학에서 업무에 맞는 공부를 하고 들어와서 일하기가 그다지 어렵지 않았지만, 그는 아니었다. 하지만 그는 자신의 부족한 부분을 퇴근 후의 지독한 공부로 메울 수 있었다.

그는 자신의 부족함을 순전히 노력으로 극복하고 회사에서 인정받았다. 사실, 가족을 비롯한 친구들은 후배가 생소한 증권회사를 선택한 것을 두고 걱정하면서 우려의 시선을 보냈다. 그런데 그는 회사에서 성과를 냈고 고속승진을 했다. 그리고 여봐란듯이 지점장까지 했다. 말 그대로 그는 바닥에서 성공한 케이

위로받고 싶은 마흔 벼랑 끝에 꿈을 세워라

스였다.

하지만 언제까지나 올라갈 수는 없는 법. 그는 마흔 후반이 되면서 밀리기 시작했다. 물론 비슷한 나이에 상승곡선을 타는 사람도 있지만 그런 사람은 극소수에 불과하다. 그 친구의 말에 의하면 특별한 능력이 아니면 거기까지는 힘들다는 것이다.

그 친구가 밀린 근본적인 이유는 능력이 부족한 것도 아닌 순전히 나이 때문이었다. 그것도 물리적인 나이라기보다는 요즘 회사에서 정하는 심리적 나이의 개념에서 설 자리를 찾지 못한 것이다.

한때 잘나갔던 그는 그렇게 쫓겨나듯 회사에서 나왔다. 갑자기 아침에 갈 곳이 없어진 그는 허탈감이 더해졌다. 시간이 지나면서 예전 같았으면 함께 밥 먹자, 술 마시자며 쉴 새 없이 울려대던 휴대전화도 잠잠해졌다. 조직을 나와 계급장까지 떼어냈을 때에야 후배는 진정한 세상의 인심을 느꼈다고 했다.

근 2년 가까이 하릴없이 산을 타고, 골프를 치고, 낚시를 다니며 시간을 보냈다. 남은 인생을 무엇을 하며 어떻게 살아야 하는지 고민에 빠져 있던 그는 달라지기 시작했다. 나이 오십에 할 수 있는 일들이 많다는 것을 깨달았기 때문이다. 그는 요즘 자신의 인생 경험을 자전 에세이 형식으로 쓰고 있다. 책이 출간되면 1인 연구소를 만들어서 주식과 인생의 경험에 대한 강의를 할 생각이다. 그는 자신의 계획을 떠올리면 가슴이 뛴다고 말한다.

3개월 후 회사에서 나가야 하는 K는 밤에 잠을 제대로 못 잔다. 지금까지 나름대로 열심히 살았는데도 모아놓은 돈은 고작 예금통장에 들어 있는 4,000여만 원과 퇴직금이 전부다. 회사를 그만두면 몇 달간 실업급여를 받을 순 있겠지만 그건 임시방편에 지나지 않는다. 매월 450만 원의 소득이 없어지는 만큼 생활비를 줄이고 또 줄여야 한다. 하지만 아무리 줄인다 하더라도 겨우 4,000여만 원을 가지고 뭘 할 수 있을까, 언제까지 견딜 수 있을까, 머리가 지끈거린다. 내년이면 대학생이 되는 큰딸의 등록금은 또 어떻게 조달해야 할지 숨통이 꽉 막힌다. 그렇다고 지금 살고 있는 집을 팔자니 지금까지 일해서 2년 전에 겨우 마련한 집인데 선뜻 내키지 않는다.

얼마 전 그는 친구의 소개로 프랜차이즈 사업설명회에 참석했다. 그는 당시 상황을 놓고 이렇게 말했다.

"프랜차이즈 사업설명회를 들어보니 적은 돈으로도 시작할 수 있겠다는 확신이 생기더군요. 그런데 막상 뛰어들자니 실패하면 어쩌지, 하는 생각에 도저히 엄두를 못 내겠더라고요. 가까운 친구 중에 잘 다니던 회사를 그만두고 창업하겠다며 요리학원에 다니는 친구가 있어요. 바닥부터 다시 배우겠다면서요. 다음 달 그 친구가 음식점을 개업하는데, 그 친구의 용기가 솔직히 부럽습니다."

아무리 힘들어도, 바닥으로 떨어졌어도 한 가지 진리만 기억하면 된다.

'바닥을 치면 남은 것은 올라오는 일뿐이다.'

그런데 대부분의 사람은 떨어진 바닥만 내려다볼 뿐 더 이상 내려갈 곳이 없다는 생각은 하지 못한다. 그렇다 보니 지금 자신이 처한 현실에서 충분히 일어설 수 있음에도 불구하고 시도 자체를 하지 않는다. 그저 그 자리에 눌러 앉고 마는 것이다.

"외모는 안 되니까 연기파 배우가 돼야죠. 연기로 승부를 거는 배우의 길을 가고 싶어요. 시장에서 일하는 생활력 강하고 억척스러운 엄마 역할도 해보고 싶고, 나중에는 악역도 해보고 싶어요."

오영실 전 아나운서의 말이다. 그녀는 SBS 드라마 〈아내의 유혹〉에서 열 살짜리 지능을 가진 마흔 살 정하늘 역할로 단숨에 주목받는 신인 연기자가 되었다. 드라마에서 그녀는 때로는 귀여운 푼수이면서, 때로는 속 시원하게 할 말 다 하는 캐릭터로 시청자들에게 많은 사랑을 받았다.

처음 그녀가 드라마에 도전하겠다고 했을 때 주위 사람들은 극구 만류했다.

"아나운서에서 연기자로 자리 잡은 사람이 없으니까, 괜히 해프닝으로 끝나지 말고 안 하는 게 어떠냐는 주위의 만류가 많았어요. 하늘이가 '반푼이' 역할이라서 특히 그랬죠. 캐릭터에 대한 설명을 해도 '너는 똘똘한 이미지가 있는데, 왜 그런 역할을 하느냐'고 하셨죠. 하지만 이제 그분들도 잘한 선택이었다고 말씀해주세요."

아나운서인 그녀가 드라마에 도전하게 된 데는 나름의 이유
가 있다. 그녀는 아나운서로서 이미 올라갈 만큼 올라갔다고 생
각했다. 그래서 더 나이가 들면 지금의 자리마저 어렵다는 걸
깨달았다. 게다가 아나운서로서 한계를 느끼면서 연기에 대한
관심이 더욱 커졌다.

그녀의 말이 예사로 들리지 않는다.

"아나운서는 짧게 끝나지만, 연기자는 나이 일흔이 되서도
자기관리만 잘하면 할 수 있잖아요. 항상 박수칠 때 떠나고 싶
다고 생각한 것도 계기가 됐어요."

많은 이가 인생은 불공평하다고 말하지만 실상을 들여다보면
인생은 공평하다. 오르막이 있으면 내리막도 있고, 내리막이 있
으면 오르막도 있다. 따라서 지금 내가 남들보다 잘나간다고 해
서 우쭐할 필요도 없고, 내 인생이 바닥이라고 해서 좌절하거나
절망할 필요도 없다.

언제까지나 눈부신 봄, 뜨거운 여름일 순 없다. 여름이 지나
면 가을이 오고 겨울이 오는 법이다. 마찬가지로 우리 인생 역
시 스물, 서른이 지나면 마흔, 오십이라는 가을과 겨울이 오게
마련이다. 하지만 인생의 가을과 겨울은 그동안의 연륜과 경륜
으로 다져진 내공 덕분에 더 멋지게 펼쳐진다.

나는 지금 당신이 어떤 힘든 현실에 처해 있는지 알지 못한

다. 다만, 내가 말할 수 있는 것은 당신 못지않게 중년을 사는 가장들 누구나 비슷한 처지에 있다는 것이다. 바닥의 현실만 보지 말고 고개를 들어 위를 쳐다봐야 한다. 그래야 사다리도 보이고, 에스컬레이터도 보인다.

미국의 사회학자 조지 허버트 미드의 말을 찬찬히 되새길 필요가 있다.

"스무 살에 잘생기지 못하고, 서른 살에 힘세지 않고, 마흔 살에 돈 못 벌고, 쉰 살에 현명하지 못하면, 결코 잘생기거나 힘세거나 돈 벌거나 현명해질 수 없다."

02

흔들리지 않고 잡아줄
꿈을 설정하라

"앞으로 기껏 3년이야. 3년 후면 나는 뭐하고 있을까? 생각만 해도 아찔해. 아직 쉰도 안 됐는데 모아놓은 돈은 없고 돈 들어갈 구멍은 여러 개고…… 이럴 줄 알았으면 예전에 명퇴 신청 받을 때 목돈이나 받아서 나올 걸 그랬나 봐. 장사라도 했으면 대박 났을지 누가 알아?"

대기업에서 감사팀장으로 있는 Q의 푸념이다. 그는 만날 때마다 고등학교 2학년과 대학교 1학년인 두 딸에게 들어가는 돈이 이만저만이 아니라며 혀를 내두른다. 그러면서 줄곧 토요일만 기다린다. 저녁에 로또복권 추첨이 있기 때문이다.

나이가 들면 체력과 함께 마음도 약해진다. 거듭 말하지만 젊었을 때는 회식에서 3차까지 달려도 아침에 거뜬하게 일어났지만 지금은 소주 한 병만 마셔도 다음 날 일어나는 것이 곤욕이다. 예전에는 타인의 사소한 말을 한 귀로 듣고 흘렸지만 지금은 그대로 마음에 전해진다. 못난 내 모습을 바라보면서 자괴감에 시달린다.

나이가 들면 누구나 움츠러든다. 중년들은 20, 30대 청년들과 달리 실패 후 재기하는 것이 쉽지 않기 때문이다. 그래서 최대한 몸을 사리고 안전한 길만 가려고 한다. 주변을 둘러보면 큰맘 먹고 창업했다가 1년도 지나지 않아 수억 원의 빚만 얻은 채 그대로 폭삭 주저앉은 이가 한둘이 아니다. 벼랑에 몰리기 전에는 그들에게 가족은 살아갈 이유이자 희망이었지만 지금은 가장 외롭고 힘들게 하는 존재일 뿐이다.

나이가 들수록 조직이라는 안전지대는 점점 사라진다. 그래서 대부분 타인의 눈치를 살피게 되는데, 나는 그럴수록 오롯이 내 인생을 살아야 한다고 생각한다. 인생 1막에서는 가족들이 주인공이었다면 이제부터는 온전히 내가 주인공인 인생을 살아야 한다. 그러기 위해선 가장 먼저 흔들리지 않게 나를 잡아줄 꿈을 설정해야 한다. 나이가 들수록 기대고 믿을 수 있는 것은 가족이나 지인이 아닌 확고한 '꿈'이기 때문이다.

많은 중년이 "인생이 공허하다", "인생 참 허무하다"라고 토로하는 것은 인생이 정말 힘들어서가 아니다. 근본적인 원인은 온전히 몰입할 수 있는 나의 세계, 즉 꿈의 부재다. 그래서 자꾸만 경제적인 문제, 직장 문제 등의 외부적인 원인들이 더욱 크게 보이는 것이다.

그러나 벼랑 끝으로 밀리는 와중에도 확고한 꿈을 가지면 외부적인 원인들은 그다지 크게 보이지 않는다. 오히려 나를 위한 인생을 살게 해주는 터닝 포인트라는 생각마저 든다. 그래서 특히 마흔을 지난 중년이라면 든든한 꿈을 찾아야 한다.

다들 아플 수도 없는 중년이라며 신음하는 지금, 좋아하는 일을 통해 성공적인 인생 2막을 살고 있는 사람들이 많다. 그중 '휴트래블 앤 컴퍼니'의 마연희 대표가 있다. 마흔을 앞두고 있는 그녀는 1999년 성신여자대학교 사학과를 졸업한 뒤 외국계 컨설팅 회사인 ABL에서 리서치 어시스턴트로 사회생활의 첫발을 내디뎠다. 2001년 SK주식회사 마케팅팀에서 근무한 뒤 2003년 여행에 빠져 프리랜서로 독립했다. 그리고 2007년 여행정보회사 아쿠아의 프리랜서 작가로 활동하다가 2010년 휴트래블 앤 컴퍼니를 창업했다.

마 대표는 한 인터뷰에서 창업 계기를 이렇게 소개했다.

"여행에 늦게 눈떴죠. 직장생활을 하면서도 금요일 하루 휴가를 내 금토일 여행을 갔는데, 한번 갔다 오면 다른 곳은 어떨지 궁금해 또 가고 그런 식으로 여행에 빠져들었습니다."

그렇게 그녀는 여행의 매력에 빠져 회사에 사표를 제출했다. 주위에서 극구 말렸지만 그녀의 고집을 꺾을 순 없었다. 그녀에게 여행은 진정으로 하고 싶은 일이었기 때문이다. 그렇게 선택한 여행은 시간이 지나면서 업으로까지 확장되었다.

그녀는 여행비를 마련하기 위해 마케팅 관련 아르바이트와 중고등학생 대상의 과외를 했다. 그런 노력으로 몇 년 후부터는 본격적인 여행 칼럼니스트 겸 작가로 활동할 수 있었다. 태국, 인도네시아, 필리핀, 괌, 홍콩, 싱가포르 등을 여행하면서 1년에 두세 달 정도 해외에 머물렀고, 급기야 자신의 이름으로 된 책을 써보고 싶어졌다. 본격적으로 책을 집필하기 전에 블로그나 인터넷 카페에 글을 쓰기 시작했다. 그렇게 조금씩 쓴 글들을 모아 책을 내려고 한 것이다. 그리하여 2009년 공저로 허니문 여행의 A부터 Z까지 모든 여행 정보가 수록되어 있는 『허니문 100배 즐기기』를 출간하게 되었다.

그 후 그녀는 자신이 좋아하는 여행을 아이템으로 사업을 시작했다. 처음부터 번듯한 사무실에서 여행사를 시작한 것은 아니었다. 서울 홍대 근처에 책상과 전화 하나만 뒀을 뿐이다. 당시 그녀는 사무실 임대료 15만 원, 홈페이지 제작비 60만 원 등 총 135만 원이 들 정도로 작게 시작했다. 그렇게 초라하게 시작했던 휴트래블 앤 컴퍼니는 동남아 관광지의 유명 호텔과 직접 계약을 맺을 정도로 영역을 확장하고 있다.

그녀는 자신의 회사를 '맞춤 여행 공작소'라고 부른다. 여행사를 운영하는 데 자신만의 철학이 확고하다. 절대 정해진 일정에 여행객을 끼워 넣는 이른바 패키지 상품은 취급하지 않는다. 순전히 여행 일정과 숙박시설 등을 여행자 스스로 정하게 하는 방식을 추구하고 있다.

그녀의 말에서 지금 하는 사업이 얼마나 행복한 일인지 느낄 수 있다.

"패키지 상품은 갈 때는 저렴한 것처럼 보여도 막상 도착하면 돈을 더 쓰게 돼 바가지 썼다고 생각하는 분들이 많습니다. 그러나 자유여행은 그렇지 않아요. 처음에 자신이 책정한 금액 그대로 여행을 즐기고 돌아오기 때문에 여행객들의 만족도가 높죠."

자신이 좋아하고 잘하는 일을 하는 사람들을 보면 하나같이 행복한 모습을 드러낸다. 일이 고되어도 마음만은 흡족하고 기쁘다. 그 일에서 성취감을 맛보기 때문이다. 그래서 더 많은 시간과 열정을 쏟고, 그러니 결과적으로 더 잘되게 된다. 때문에 인생 2막만큼은 타인의 눈치를 보지 않고 오롯이 나를 위한 인생을 살아야 하는 것이다.

가장 힘든 시기가 오히려 인생의 터닝 포인트가 된 사람도 있다. 쉰 초반의 보나베띠 공덕역점 신규영 대표가 그 예다. 신한카드 강남영업추진센터 지점장으로 억대 연봉을 누렸던 그는 32년간 종사했던 금융 업계와는 전혀 관련 없는 '와인전도사'로 인생 2막을 살고 있다. 나는 그를 보면서 나이가 들수록 무엇보다도 자신이 좋아하는 일, 잘하는 일을 토대로 인생 후반전을 설계해야 한다는 확신을 더욱 강하게 가질 수 있었다.

어린 시절부터 금융맨이 꿈이었던 그는 1978년 조흥은행에 입사했다. 그는 은행 창구 업무를 맡는 등 기초적인 일부터 기업분석부, 신용관리부, 카드사업부를 거쳐 1995년 회계팀장으로 승진하는 등 무난한 직장생활을 이어갔다. 그 과정에서 특별한 어려움은 없었다.

직장생활을 하던 중 그 역시 인생의 새로운 전기를 맞이했다. 2003년에 와인을 접하면서 인생이 달라지기 시작한 것이다. 당시 조흥은행은 와인 관련 서비스를 콘셉트로 한 신용카드 상품인 '와인 클럽카드'를 발급했었다. 그는 와인이 새로운 아이템이라는 직감이 들어 자발적으로 '와인 클럽카드'의 마케팅을 담당하겠다고 나섰다.

그는 업무를 보면서 와인이라는 취미생활을 즐길 수 있었기에 열정적으로 와인마케팅에 힘썼다. 그러나 성과는 기대 이하였다. 고급 와인바와 제휴 요청을 했지만 와인에 대한 안목이 생각보다 낮았던 와인바 사장들의 반응은 차갑기만 했다. 그래서 와인에 대한 전문적인 지식의 필요성을 느껴 와인에 대해 심층적인 공부를 시작했다.

그는 당시를 이렇게 회고했다.

"그 당시 시작했던 와인 공부가 제 인생의 터닝 포인트가 되었습니다. 사람들과 함께 와인을 마시며 와인 문화를 배웠고 전문 지식을 습득하기 위해 수많은 와인 관련 책을 읽었어요. 나중에는 소믈리에 교육까지 이수했습니다."

와인 공부를 계기로 그는 배움에 대한 열정이 생겨났다. 자신에게 자기계발이 필요하다는 사실을 자각하게 된 것이다. 그는 2004년 서울디지털대학교 재경회계학과에 입학해 3년만에 조기 졸업했고, 2007년 한양대 경영전문대학원에 진학해 석사학위를 취득했다. 그는 누구보다 바쁜 시간을 보냈다. 주경야독으로 쉴 틈이 없었다. 회사 점심시간에는 김밥 한 줄로 끼니를 해결하고 미친 듯이 공부했다. 하루 일과가 오전 여덟 시에 시작해서 새벽 두 시에 끝났지만 은행업무 외의 다양한 분야를 배운다고 생각하니 성취감은 배가 되었다.

그는 2006년 조흥은행이 신한은행과 통합되면서 신한카드 부장으로 자리를 옮겼다. 그럼에도 그는 와인마케팅에 대한 노력을 멈추지 않았다. 일부 직원들이 쓸데없는 일을 한다며 수군거렸지만 그는 개의치 않았다.

이듬해, 그는 신한카드 강남영업추진센터 지점장으로 승진했지만 마음은 그다지 편하지 않았다. 곧 다가올 은퇴에 대한 고민 때문이었다. 앞으로 남은 길은 임원으로 승진하는 것이지만 이는 쉬운 일이 아니었다.

대한민국의 가장들은 대부분 50세가 다가오면 은퇴라는 고민을 특히 더 바짝 마주하게 된다. 그동안 조직에서 안전하게 밥벌이를 하다가 퇴직한 후 경비원이나 택시기사나 계약직 근로자로 일을 해야 한다고 생각하니 머릿속이 캄캄했다. 주위에서 퇴직금으로 창업했다가 실패하는 사례들도 적잖게 봐왔던 그였다. 그래서 내심 임원으로 승진할 수 있기를 바랐다.

그러나 2010년 임원 승진자 발표 결과는 좋지 않았다. 고민 끝에 그는 인생 2막을 위해 익숙한 환경에서 벗어나 새로운 도전을 하기로 결심했다. 정년을 기다리지 않고 먼저 명예퇴직을 신청했다. 그리고 가슴을 뛰게 했던 와인시장에 본격적으로 뛰어들었다. 32년 동안 몸담았던 금융 업계를 떠나 와인 컨설턴트로 직업을 전환해 인생 2막을 시작한 것이다.

그는 당시를 이렇게 술회했다.

"승진 발표 후 두 달 동안 잠도 제대로 못 잤어요. 저의 젊음이 회사에서 내처진다는 생각이 들었습니다. 하지만 현실에 안주하기보다는 계속 앞을 바라보고 나아가는 삶이 더 가치 있다고 생각하고 새로운 도전을 하게 되었습니다."

그는 전 재산을 투자해 와인 전문 레스토랑 '보나베띠' 공덕역점을 열었다. 초기에는 사람들에게 잘 알려지지 않아 기대치보다 매출액이 적었다. 하지만 그는 좌절하기보다 빔 프로젝트와 스크린을 구비해 손님들에게 무료 와인 강의를 시작했다. 그리고 코르크차지(Cork Charge, 개인이 소지한 와인을 와인 바에서 마실 경우 지불하는 수수료)를 받지 않는 마케팅전략을 펼쳤다. 그러자 사람들 사이에서 입소문이 나기 시작했고, 레스토랑에 손님들이 몰리기 시작했다. 자연스레 매출액도 빠르게 상승곡선을 그렸다.

신 대표는 현재 자신이 좋아하는 일을 하면서 행복한 나날을 보내고 있다. 무엇보다 그는 와인을 통해 좋은 사람들을 자주 접할 수 있어 행복하다고 말한다. 그가 금융맨으로 살았을 때 느껴보지 못했던 기쁨과 성취감을 지금 인생 2막에서 만끽하고 있는 것이다.

인생은 마음먹기에 달렸다. 내 인생의 주인공은 바로 나 자신이라는 생각을 견지해야 한다. 내 인생의 주인공은 바로 나라는 생각은 청춘들만 가질 수 있는 게 아니다. 오히려 중년을 보내고 있는 지금 더 확고하게 내 인생에 대한 주체적인 생각을 가져야 한다.

그런데 많은 이가 자신이 뜻하는 대로 선택하거나 결정하지 못한 채 살아간다. 어쩌면 지금 많은 중년이 외롭고, 힘들고, 고통스러운 것은 내가 그토록 하고 싶었던 일들에 대한 다양한 핑계를 대면서 주인공 자리에서 물러났기 때문이 아닐까 하는 생각이 든다.

자, 이제부터라도 나를 단단하게 잡아줄 흔들리지 않는 꿈을 설정해야 한다. 그리고 더 이상 가족이나 타인의 눈치를 보지 말고 오롯이 나를 위해 살아야 한다. 그렇게 할 때 가족은 처방전이 되고 꿈은 이정표가 되어줄 것이다.

03

좋아하는 것 말고
잘하는 것을 찾아라

대부분의 중년은 인생의 좋은 시기가 다 지났다며 지나온 과거에 대해 후회의 한숨을 쉰다. 그러면서 앞으로 남은 인생을 어떻게 버티며 살아가야 할지 두려워한다. 하지만 나는 그렇게 생각하지 않는다. 마흔부터 제대로 된 인생 2막이 시작된다고 생각한다.

당신과 나는 그동안 인생을 살아오면서 숱한 시련과 역경에 처했고, 그런 어려움들을 잘 헤쳐왔다. 그런 과정에서 젊은이들은 결코 얻을 수 없는 인생의 지혜도 발견할 수 있었다. 그렇기에 나 자신이 무엇을 가장 잘하는지를 알았고 행복한 인생 후반전을 만끽할 수 있도록 지금부터 준비를 할 수도 있게 되었다.

최근 서점에는 '마흔'과 '인생 2막'에 관련된 책들이 봇물처럼 쏟아지고 있다. 그리고 인터넷 사이트의 각종 카페와 블로그에는 인생 2막을 위한 화두 공유가 활발하다. 그동안 가족을 위해 헌신하다시피 살았다면 지금부터라도 나를 위해 살고자 하는 이들의 여행을 준비하는 모임은 물론이고, 다양한 동호회들도 생겨나고 있다. 이제 더 이상 '사오정', '오륙도' 등의 우울한 단어에 주눅 들어 좌절감만 곱씹으며 앉아 있어선 안 된다.

지금껏 인생을 사는 동안 내가 가장 잘하는 것을 하기보다는 가족을 먹여 살려야 한다는 의무감에 하기 싫은 일을 억지로 하며 버텨왔다. 쉽게 말해 내 인생에서 '나'라는 주체가 빠져 있었던 것이다. 그래서 지금 마흔 고개를 지나면서 인생이 허무하게 느껴지는 것이다. 대체 그동안 무엇을 위해 쳇바퀴를 그토록 열심히 돌렸는지 스스로에게 자문하게 된다.

그러나 그동안의 인생은 이미 지나간 강물이다. 같은 강물에 발을 두 번 담글 수 없듯이 이 시간 역시 흘러가면 다시 오지 않는다. 따라서 지나간 시간에 대해 후회만 하고 정작 소중한 현재를 허송해선 안 된다. 우리가 할 수 있는 것은 후회를 최소화하며 지금부터 치열하게 전략적으로 사는 것이다.

전문가들은 하나같이 인생 후반전만큼은 "시선을 멀리 두고 호흡을 길게 가져야 한다"고 조언한다. 세계적인 경영학자 피터 드러커는 "40년을 산 사람이라면 최소한 향후 30년을 더 활동할 것을 염두에 두고 인생 계획을 짜야 한다"고 말한 바 있다. 당장 눈앞에 시선을 고정시키기보다 커다란 비전을 보면서 인생 2막을 어떻게 설계할 것인지 고민하라는 뜻이다.

나는 인생 계획을 짤 때 자신이 좋아하는 것보다 잘하는 것을 염두에 둬야 한다고 말한다. 좋아하는 것에 집중한다면 그저 취미생활 정도로 그치게 되지만, 잘하는 것에 중점을 두고 인생 2막을 만들어간다면 전문가가 될 뿐만 아니라 경제적인 수입과 보람도 얻을 수 있기 때문이다.

『하프타임』의 저자 밥 버포드는 인생 후반전을 축구에 비유했다. 일에만 매달려온 전반전을 마무리하고 의미와 가치를 찾는 후반전을 준비해야 한다는 것이다. 이를 위해 반드시 필요한 것이 하프타임이라고 말한다. 하프타임을 갖기 위해 스스로에게 다음과 같은 질문을 던져야 한다는 것이다.

‘내가 정말 잘하는 일은 무엇인가?’
‘내가 하고 싶은 일은 무엇인가?’
‘내게 정말 중요한 것은 무엇인가?’

이 세 가지 질문을 끊임없이 던져서 답을 찾아야 한다는 것이다. 이 세 가지에 대한 답이 눈부신 인생 2막을 열어주는 키가 되기 때문이다.

연 매출 500억 원에 이르는 중견기업 ‘약손명가’를 세운 김현숙 대표가 있다. 그녀의 성공 비결은, 좋아하는 것 99퍼센트보다 잘하는 것 1퍼센트에 승부를 건 것이다. 나는 얼굴 축소 마사지로 유명한 김 대표의 성공 스토리를 읽으면서 정말 인생은 어떤 전략을 가지고 노력하느냐에 성패가 달렸음을 새삼 확인할 수 있었다.

그녀의 시작은 한 평짜리 화장품 가게였다. 그녀는 결혼과 함께 직장을 그만두면서 자본금 500만 원을 가지고 화장품 판매점을 열었다. 이후 빚을 내서 피부관리숍을 시작했고, 그 과정에서 이루 말할 수 없는 어려움들에 봉착했다. 하지만 그녀는 자신을 믿고 꿋꿋하게 나아갔다. 그 결과, 현재 전국 90여 개 가맹점을 운영하는 사업체로 자리매김할 수 있었다.

얼굴뼈의 균형을 잡아주는 '골기테라피'로 유명한 약손명가는 같은 분야에서는 국내에서 따라올 자가 없다고 정평이 난 곳이다. 최근에는 전문화장품 '에오스 보 떼'까지 론칭하면서 제2의 도약기를 바라보고 있다. 김 대표의 성공 비결은 너무나 간단하다.

"좋아하는 것 99퍼센트보다 잘하는 것 1퍼센트에 승부를 걸어라."

사실, 대부분의 사람은 좋아하는 것에 '올인'한다. 하지만 그녀는 남달랐다. 그녀는 그 이유를 이렇게 밝힌다.

"좋아하는 것과 잘하는 것은 다릅니다. 잘하는 것은 재능을 뜻하며 좋아하는 것은 즐거움에 해당합니다. 성공하려면 좋아하는 것보다 잘하는 것을 해야 합니다."

나는 김 대표의 말에 전적으로 동감한다. 좋아하는 것과 잘하는 것은 다르다. 예를 들어 내가 골프를 좋아한다고 해서 골프를 통해 인생 후반전을 시작할 순 없다. 하지만 내가 사람들 앞에서 말하는 것을 잘한다면 내 스토리를 책으로 펴낸 후 1인 기업을 차려 강연가로서 인생 2막을 시작할 수 있다. 사실, 이렇게 멋진 인생 후반전을 살아가는 이들은 헤아릴 수 없을 정도로 많다. 그들은 하나같이 좋아하는 것보다 잘하는 것에 집중했고, 그 결과 잘하는 것을 토대로 파이프라인을 구축할 수 있었다.

거듭된 사업 실패 끝에 나이 오십에 재기에 성공한 '성신제 피자'의 성신제 대표가 있다.

그는 한국에 '피자헛'을 처음 들여와 외식 업계 성공 신화를 일궈낸 인물로 매스컴을 타기도 했다. 1984년 미국의 외식 업체 '피자헛'을 국내에 들여와 52개의 직영점포를 개설하여 큰 성공을 거두며 300억 원대 부자가 됐던 그는 1993년 미국 본사와의 분쟁에 휘말리면서 경영 일선에서 물러났다. 그 후 피자헛에서 손을 뗀 뒤 또 한 번 외식 사업에 도전했지만 처참하게 실패하고 말았다. '케니로저스 로스터스' 치킨 체인 사업으로 재도약을 꿈꾸었지만 또 한 번 다국적기업의 횡포와 IMF 외환위기 사태가 맞물리면서 주저앉고 말았다.

수백억 원 규모의 회사를 운영하던 그가 단돈 17만 원으로 재기를 다짐했을 때의 나이는 불혹이 지난 오십이었다. 당시 그는 거지 신세나 다름이 없었다. 1997년 10월은 그의 패자부활전이 시작된 시점이다. 그가 운영하던 케니로저스 로스터스 사업은 부도가 났다. 그가 사무실에 들어섰을 때 이미 채권단이 한바탕 휩쓸고 간 뒤라 책상과 의자는 뒤엎어져 있었고 각종 서류는 휴지조각처럼 널브러져 있었다.

그는 당시를 이렇게 회상했다.

"그때 제 나이 오십이었는데 채권자들에게 옷이 찢길 정도로 멱살을 잡히고 온갖 수모를 당했어요. 매일 그런 식으로 사느니 차라리 죽는 게 낫겠더라고요. 오십은 재기하기에는 너무 늦은 나이라고 생각했고 무엇보다 가진 게 하나도 없었어요."

사업 실패 후 자살까지 생각했지만 가족 때문에 그럴 수 없었다. 그는 마음을 다잡았다.

"죽으려고 마음을 굳혔는데 퍼뜩 아버지 생각이 났어요. 뇌출혈로 일찍 돌아가신 아버지의 빈자리가 크게 느껴졌던 순간들이 생각나더라고요. 살면서 어려운 일이 생겼을 때 마음으로 의지할 사람이 없어 힘들어했던 기억도 떠오르고요. '지금 내가 죽으면 내 자식들도 똑같은 서러움을 대물림하겠구나!' 하는 생각에 살아야겠다는 쪽으로 마음을 돌렸죠."

이때부터 그는 초심으로 돌아가 다시 시작하기로 결심했다. 그는 자신이 가장 잘하는 것이 무엇인지 고민했다. 고민 끝에 자신이 가장 잘 아는 분야가 피자라는 답을 찾았고 피자로 승부를 걸기로 마음먹었다. 가장 먼저 자신만의 '브랜드'를 갖기 위

위로받고 싶은 마흔 벼랑 끝에 꿈을 세워라

해 새로운 피자 개발에 전력투구했다. 그동안 피자헛을 10년 정도 운영했던 경험 덕분에 그에게는 나름의 피자 만드는 노하우가 있었다.

그는 피자 만드는 더 특별한 노하우를 배우기 위해 아내가 패물을 팔아 마련한 돈으로 과감히 미국행 비행기에 올랐다. 그리고 마침내 1998년 5월 서울 명동에 자신의 이름을 내건 성신제 피자 1호점을 열었다. 개업 당시 그는 그야말로 피자에 미쳐 있었다. 모든 피자를 자신이 직접 만들어 팔았다. '성신제표 도우(밀가루에 물, 우유, 다른 재료 등을 넣어 만든 된 반죽)'를 만들 기술자가 그 말고는 없었기 때문이다.

성신제 피자 1호점은 하루에 100판의 피자를 만들어야 했을 만큼 대박이었다. 그동안의 피나는 노력으로 좋은 결실을 맺게 된 것이다.

"저는 나이 오십에 부도가 난 것을 감사하게 생각해요. 만약 육십이나 혹은 그보다 더 많은 나이에 쓰러졌더라면 어쩔 뻔했습니까? 늦었다고 생각될 때 그때가 바로 인생의 승부수를 던질 최적의 시기입니다."

인생은 마흔부터다. 지금껏 내가 가장 잘하는 일을 하기보다 그저 가족에 대한 생계를 위해 하기 싫은 일을 억지로 하며 살아왔다면, 앞으로의 내 인생에서 '나'라는 주체가 빠져선 안 된다. 어떤 마인드로 살아가느냐에 따라 남은 인생이 행복할 수도, 불행할 수도 있다.

앞서 소개한 김현숙, 성신제 대표처럼 좋아하는 것 99퍼센트보다 잘하는 것 1퍼센트에 승부를 걸어보라. 내가 가장 잘하는 분야에 집중할 때 더 잘할 수 있고 파이프라인을 구축할 수 있는 눈이 생겨난다.

그동안 가쁜 숨을 몰아쉬면서 힘들게 살아왔다. 하지만 인생 후반전만큼은 후회가 없도록 즐겁게 살아야 하지 않겠는가? 그러기 위해선 시선을 멀리 두고 호흡을 길게 가져야 한다. 당장 눈앞에 시선을 고정시키기보다 커다란 비전을 보면서 인생 2막을 어떻게 설계할 것인지 고민해야 한다.

이런 점에서 피터 드러커의 말을 다시 한 번 강조한다.

"40년을 산 사람이라면 최소한 향후 30년을 더 활동할 것을 염두에 두고 인생 계획을 짜야 한다."

04 행복도 선택이다

아래의 글은 우연히 인터넷상에서 발견한 글이다. 행복에 대해 공감이 되는 글이어서 지면에 옮겨보았다.

행복은 선택이다! 운명이 아니다!

행복은 결단이다! 우유부단이 아니다!

행복은 태도다! 조건이 아니다!

행복은 의도한 결과가 아니다! 보너스다!

행복은 사건이 아니다! 해석이다!

행복은 누가 주는 것이 아니다! 내가 느끼는 것이다!

그렇다. 행복은 누군가로부터 받는 것이 아닌 스스로 선택하는 것이다. 과거보다 더 나은 내가 되기 위해선 선택하고 결단

227

해야 한다. 우유부단해선 똑같은 인생밖에 살 수 없다.

그런데 주위에는, 특히 중년들 가운데 입만 열었다 하면 "사는 게 불행하다", "내 인생은 왜 이 모양일까?", "나는 되는 일이 하나도 없어!"라며 스스로를 불행에 빠뜨리는 말을 하는 이가 많다. 그들은 스스로 지금의 나를 만들었다. 따지고 보면 이보다 더 가혹한 운명은 없다.

중년이나 노년에 싱글이 된 남자들을 보면 안타까움을 넘어 불쌍하다는 생각마저 든다. 그동안 아내가 해주는 밥 먹고 세탁해주는 옷 입으며, 스스로는 집안 청소 한번 제대로 한 적 없이 살았기 때문에 뭐 하나 할 줄 아는 게 없다. 물론 밥하고, 빨래하고, 청소하는 것은 도우미의 도움을 받으면 된다. 하지만 스스로 옷가지 하나 제대로 챙겨 입을 줄 모른다면 어떨까? 일상생활이 엉망이 될 것이다.

중년부터 홀로서기 연습을 해야 한다. 그래야 노년이 되었을 때 아내에게 의존하지 않고도 자신이 하고 싶은 일을 하며 인생을 즐길 수 있다. 지금부터는 작고 사소한 일도 아내에게 의존해선 안 된다.

강연에서 내가 사람들에게 자주 하는 말이 있다.

"행복한 중년, 노년을 보내려면 지금부터라도 밥하고, 빨래하고, 청소하는 연습을 하세요. 그리고 옷가지를 제대로 차려입는 연습도 하세요. 그래야 나이 들어도 아내에게 의존하지 않을 수 있으니 떳떳하게 인생을 즐길 수 있습니다. 그렇지 않고

위로받고 싶은 마흔 벼랑 끝에 꿈을 세워라

서 계속 아내에게 사소한 것까지 의존하면 아내에게 구속된 인생을 살 수밖에 없습니다. 구박과 잔소리가 끊이지 않는 인생, 얼마나 피곤하겠습니까?"

나는 몇 년 전부터 살림살이를 아내에게만 맡기지 않는다. 설거지부터 시작해 밥하고, 빨래하고, 청소하고, 하나하나 익혀가는 재미도 쏠쏠하다. 처음에는 과연 내가 할 수 있을까 막연히 두려웠는데, 직접 해본 전기밥솥과 전자레인지 사용법은 정말 간단했다. 진공청소기와 세탁기를 돌리는 일도 식은 죽 먹기였다. 사실, 집안일을 해보면 기계가 다 한다는 것을 알 수 있다. 이 말을 들으면 아내를 비롯해 수백만 명의 주부들이 나를 도끼눈으로 쳐다볼지도 모르겠다. 그럴 필요까진 없다. 내 말의 요지는 가전제품의 사용법을 익혀두면 아내 없이도 혼자서 의식주를 해결할 수 있다는 뜻이다.

내 경험상 30대 후반부터는 밥하고 간단한 반찬을 만드는 법 정도는 알아야 한다. 사실, 요즘 마트에 가보면 다양한 반찬들을 소포장해서 판매하고 있다. 찌개류도 그저 끓이면 되는 상품이 나와 있으니 복잡하게 생각할 필요가 없다. 이렇게 스스로 의식주를 해결할 만큼이 되어야 나이가 들어도 어느 정도 수준 이상의 생활을 할 수 있다.

"공과금 내는 것도 일부러 해볼 필요가 있습니다. 제 주위에는 각종 공과금을 폰뱅킹으로 처리하는 사람들이 많습니다. 여러분도 지금부터 스마트폰을 사용하는 방법을 익혀두세요. 처음에는 복잡한 듯하지만 한두 번만 해보면 쉽게 일을 처리할 수 있습니다. 진즉에 배울 걸 하는 후회마저 든답니다."

아내가 하는 일을 당신이 어느 정도 소화해낼 수 있다면 아내가 일 때문에 며칠 집을 비우더라도 당당히 홀로서기를 할 수 있다. 아내가 급한 일로 외출하거나 여행을 가더라도 전혀 두렵지 않다. 오히려 혼자만의 시간을 누릴 수 있어 기쁘기까지 할 것이다.

때로는 수십 년을 밥하고, 빨래하고, 청소해준 아내를 위해 당신이 할 수 있는 선에서 서비스해주는 것도 부부의 금실을 좋게 하는 한 방법이다. 부부 사이의 행복은 내가 얼마나 배우자를 생각하고 배려하고 실행하느냐에 달렸다고 해도 과언이 아니다. 이처럼 아내에게 잘하는 남편은 아내로부터 존중과 사랑을 받게 마련이다.

나는 사람들에게 "성공도 선택이듯이 행복도 선택이다"라고 말한다. 당신은 지금 당장 행복을 선택할 수 있는 결정권을 가지고 있다. 그 결정권을 어떻게 누릴 것인가 매 순간 고민해야 한다. 특히 행복의 기준은 타인에 의해서가 아닌 나에 의해 정해져야 한다. 당신이 당신 삶의 주인이기 때문이다. 누구 때문에 외롭고, 고통스럽고, 힘들다고 토로하는 이가 있다. 이는 행복 선택의 기준을 자신이 아닌 타인의 기준으로 설정했기에 아프고 힘든 것이다.

위로받고 싶은 마흔 벼랑 끝에 꿈을 세워라

행복은 마음먹기에 달렸다는 것을 깨닫게 해주는 이야기가 있다.

어떤 철학자가 친구들과 함께 작은 방에서 살고 있었다. 늘 즐거워 보이는 그에게 누군가 물었다.

"몸을 돌리기조차 힘든 비좁은 방에서 여러 명이 사는데, 뭐가 그렇게 즐거운가요?"

"친구들과 함께 살고 있으니 언제든 대화하며 생각을 나눌 수 있습니다. 이 어찌 즐거운 일이 아니겠습니까?"

시간이 흘러 동고동락하던 친구들이 결혼을 하고 가정을 꾸리기 시작하면서 한둘씩 떠났고, 결국 철학자 홀로 남았다. 하지만 그는 여전히 즐거워 보였다.

"친구들이 모두 떠나고 당신 혼자 외롭게 살고 있는데 뭐가 그렇게 좋은가요?"

"내 방에는 책이 아주 많습니다. 책들은 모두 나의 훌륭한 스승입니다. 이렇게 많은 스승과 함께 지내면서 언제든 그들에게 가르침을 받을 수 있는데, 어찌 즐겁지 않겠습니까?"

몇 년 뒤 철학자도 결혼하여 7층짜리 아파트 맨 아래층에 신혼살림을 꾸렸다. 맨 아래층은 늘 크고 작은 소란이 끊이질 않아 주거 환경으로는 그리 좋지 않았다. 그런데도 철학자는 즐거워 보였다.

"이렇게 시끄러운 집에 사는데, 아직도 즐거운가요?"

"모르시는 말씀입니다. 1층이라 이사할 때 편리하고, 계단을 오르지 않아도 되니 친구들이 찾아오기도 편하고, 무엇보다 아파트 화단을 정원으로 삼을 수 있어 좋습니다."

1년 뒤 철학자는 집을 친구에게 넘기고 맨 꼭대기 층으로 살림을 옮겼다. 이사를 하는 철학자의 얼굴은 여전히 희희낙락이었다. 누군가 그에게 비웃듯 물었다.

"이봐요. 7층에 사는 게 뭐가 그리 좋아요?"

"얼마나 좋은 점이 많은데요. 매일 몇 차례씩 계단을 오르내리면 체력을 단련할 수 있어 건강에 좋지요. 또 볕이 잘 드니 책을 보거나 글을 쓸 때 눈이 나빠지지 않지요. 위층에 방해하는 사람이 없으니 밤에도 낮에도 늘 조용하지요."

중국의 작가 탕원의 『곁에 있어 행복한 50가지 이야기』에 소개된 이야기다. 나는 이 글을 읽으면서 새삼 '그래 맞아! 무엇이든 마음먹기에 달렸어'라는 깨달음을 얻었다. 그래서 나는 어떤 힘든 일이든 그 일에 담겨 있는 의미를 나에게 이롭게 해석하는 편이다. 이미 닥친 일을 부정적으로 해석해서 나 스스로 감정과 에너지를 소모할 필요가 없기 때문이다. 나에게 일어나는 일들이 당장 덩치가 커서 두렵게 여겨지지만 지나고 나면 별것 아닌 일들이 많다는 것을 잘 알고 있기 때문이다.

철학자 플라톤은 "그 사람의 행복을 결정하는 건 '환경'이 아니라 그 사람의 '마음'이다"라고 했다. 그의 가르침을 가슴 깊이 새겨볼 필요가 있다. 매사에 긍정적이고 낙관적인 사람에게는 늘 행복이 그의 곁을 따라다니고, 부정적이고 의심하는 사람에

위로받고 싶은 마흔 벼랑 끝에 꿈을 세워라

게는 늘 불행이 맴돈다. 후자의 사람들에게는 행복이 먹구름 속에 가려져 있어서 불행만 확대되어 보이는 것이다.

나는 이왕 사는 인생, 불행보다 행복을 선택하라고 말하고 싶다. 행복을 선택하려면 항상 편안한 모습으로 환하게 웃으며 인생을 느긋하게 즐길 줄 알아야 한다. 이런 사람에게는 불행이 다가오다가도 끼어들 틈이 없어 다른 사람에게 가버린다.

행복은 소유의 대상이 아니다. 행복은 내가 과거의 옷을 벗고 새롭게 변화할 때 비로소 느낄 수 있는 보너스와 같다는 것을 기억해야 한다.

마지막으로 『내가 알고 있는 걸 당신도 알게 된다면』의 저자이자 코넬대학의 교수인 칼 필레머의 말을 들려주고 싶다.

"사랑하는 일을 찾게. 잘할 수 있는 일을 하게. 행복한 일을 찾게. 돈 때문에 직업을 선택해서는 안 되네. 나는 돈은 얼마 벌지 못했어. 가장 중요한 건 말이야. 무조건 사랑하는 일, 매일 하고 싶어 설레는 일이 직업이 되어야 한다는 거지."

05

선택과 결단에는
용기가 필요하다

"사람은 겉으로 보이는 것만 보고 '이 사람, 정말 잘나가나 보네', '이 사람, 요즘 힘든가 보다' 하고 판단합니다. 가장 짜증 나고 화나는 게 제가 강남에 살고, 회사에서 내준 차를 타고 다닌다는 이유로 사람들이 제가 아주 잘나가는 줄 안다는 겁니다. 사실은 그렇지 않은데요. 제 속을 열어 보일 수도 없고……."

며칠 전 한 모임에서 만난 중견기업 임원 L의 하소연이다. 그는 만날 때마다 너무 힘들다는 말밖에 하지 않는다. 그런데 아이러니한 것은 현재 그의 월 소득은 700만 원으로 보통 사람들이 부러워하는 고소득층에 속한다는 것이다. 남들은 겉모습만 보고서 그가 잘나가는 줄 알고 내심 부러워한다. 하지만 실상을 들여다보면 경제적 문제로 쩔쩔매며 사는 건 L 역시 여느 사람들과 비슷하다.

8년 전, 그는 힘들게 모은 돈과 은행에서 대출받은 6억 원을 합해 서울 강남에 9억 원짜리 새 아파트를 분양받았다. 당시는 자고 나면 집값이 올라 절로 행복했지만 그 기간은 고작 1년 남짓이었다. 2008년 이후 곤두박질치기 시작한 집값은 아파트를 분양받았을 때보다 2억 원 이상 떨어졌다.

그는 매달 이자만 200만 원 이상을 낸다. 게다가 고등학생과 대학생 자녀 학비 등으로 쪼들리는 생활을 한다. 결국 1년 전 집을 내놨는데 간간이 집을 보러 오는 사람은 있지만 사겠다는 사람은 없다. 그래서 지금 L의 속은 속이 아니다.

그는 마지막 소주잔을 입 안에 털어넣으며 중얼거렸다.

"올해 임원 재계약마저 안 되면 저에겐 아무런 희망이 없어요. 모아놓은 돈도 없고, 아이들에겐 한창 돈이 들어가야 하는데……. 얼른 집이 팔려 서울 외곽에 전셋집이라도 구해 수준에 맞게 사는 게 제 소원입니다."

요즘 주변에 보면 우울증을 앓고 있는 중년 남성들이 많다. 내 지인들 중에도 입만 열었다 하면, "우울하다", "어디론가 무작정 떠나고 싶다", "어디 마음 터놓고 대화할 수 있는 여자친구라도 있었으면 좋겠다", "인생이 왜 이리도 허무한 걸까?" 하고 토로하는 이들이 서너 명 된다.

나는 가정의 허리와도 같은 그들이 우울증을 앓는 근본적인 이유로 어깨를 짓누르는 부담감을 꼽고 싶다. 사실, 대한민국의 중년 가장들 중 지금 처자식의 생계와 자녀들의 학비, 대출금, 부모님 생활비 등으로 심각한 스트레스를 받지 않는 이는 드물다. 하나같이 헉헉거리면서도 죽지 못해 사는 것이다.

그래서일까. 요즘 버티다 못해 돌이킬 수 없는 극단적인 선택을 하는 남자들이 빠르게 늘고 있다. 특히 30대 중반을 넘어 중년에 이를수록 남성 자살률이 증가하는 게 뚜렷하게 보인다. 자살은 삶의 의미, 그리고 자기 자신에 대한 가치를 느끼지 못할 때 선택하는 최후의 수단이다.

그런데 한쪽에선 이런 극단적인 선택을 하는 반면에 또 다른 쪽에서는 지금껏 힘들었던 1막 인생과 굿바이하며 즐거운 2막 인생을 만끽하는 이들도 많다. 나는 그들을 보면서 나이가 들수록 내가 원하는 인생, 즐겁고 행복한 인생을 살기 위해선 무엇보다도 선택과 결단과 용기가 필요하다는 것을 알 수 있었다.

사실, 청춘들은 혈기가 왕성해서 세상이 두렵지 않다. 지금 당장 내세울 것이 없고 가진 것이 없어도 열정과 도전으로 승부를 건다. 하지만 한 가정을 책임지고 있는 중년들은 청춘들처럼 선뜻 자신이 원하는 일을 선택하기란 힘들다. 이런저런 문제들이 부담되기 때문에 쉽게 결단을 내리지 못한다.

마흔 고개에 접어든 이들은 그동안 피나는 노력을 통해 가정과 직장에서 이제 겨우 안정적인 생활을 이루었다. 그래서 설령 지금보다 더 나은 삶을 살 수 있다고 해도 가족들 때문에 쉽게 현실을 포기하지 못한다. 불확실한 미래를 위해 현실의 편안함을 포기한다는 것이 두렵기 때문이다.

그러나 인생은 무언가를 선택하지 않으면 선택하지 않는 것을 선택한 인생을 사는 것과 같다. 나이가 들수록 지금의 인생이 불행하게 여겨진다면 진정으로 마음이 끌리는 인생을 살기위한 선택과 이를 가능케 하는 용기가 필요하다. 지금 움켜쥐고있는 것을 내려놓아야 다른 것을 쥘 수 있다. 인생 역시 마찬가지다. 지금의 현실을 내려놓을 수 있을 때 더 나은 인생을 위해용기 있게 실행할 수 있다.

문서 파쇄를 전문으로 하는 '모세시큐리티'의 조영욱 대표가있다. 그의 성공 스토리를 접한 나는 '정말 세상은 살아볼 만한곳이구나' 하는 것을 새삼 느꼈다. 그가 걸어온 발자취를 통해더 나은 인생을 살기 위해선 선택과 결단과 강한 용기가 필요하다는 것을 절감한 것이다.

조 대표는 젊은 시절, 해운회사에서 연봉 8,000만 원에 1,000만 원 이상의 수당을 받는 소위 잘나가는 영업맨이었다. 당시과장급 평균 연봉이 2,000만 원 수준인 것을 감안하면 그의 연봉은 굉장히 큰돈이었다. 다들 그를 부러운 눈으로 바라보곤 했다. 그래서인지 당시 그에게는 어떤 일을 해도 성공할 것 같은자신감이 있었다.

그는 8년간의 직장생활을 마무리하고 중국 물류 사업을 시작하게 된다. 그런데 사업은 생각했던 것보다 부진했고 아예 참담

했다. 3년간의 적자를 면치 못하다 결국 부도를 맞았다. 당시 그의 나이 서른일곱이었다. 그는 졸지에 모든 재산을 날리고 빚쟁이 신세가 되었다. 그는 당시를 이렇게 회상했다.

"욕심과 배짱만 두둑했어요. 빠른 기간 내에 성과를 내려고 서두른 데다 수요 예측을 정확하게 하지 못한 탓에 쫄딱 망한 겁니다. 무식하고 무모했으니 실패는 예정된 수순이나 다름없었죠."

그는 지하 사글셋방을 전전하는 극빈자가 되었다. 하지만 그는 가족의 생계를 책임지기 위해 궂은일을 마다하지 않았다. 건설 현장 잡부, 하수도 청소부, 신문 배달원, 택배 배달원 등 닥치는 대로 일했다. 월 100만 원도 채 안 되는 수입으로 근근이 생계를 꾸렸다.

그는 자신의 초라함에서 오는 스트레스에서 벗어나기 위해 매일 같이 술과 담배를 가까이했다. 힘든 생활은 그를 사람들과 단절시켰다. 그는 자신의 초라한 모습을 보여주기 싫어 지인들을 멀리했다. 그렇게 외부와 단절한 채 지내자 사람들 사이에 자신에 대한 이상한 소문이 돌기 시작했다. 그는 불현듯 이래선 안 되겠다는 생각이 들었다. 그는 자신을 추스르고 마음을 다잡아야겠다고 생각했다. 하루 빨리 이런 생활을 청산하기 위해 나부터 바꿔야겠다는 생각에 술과 담배를 끊었다. 물론 쉽지는 않았다. 금단 증상이 우울증으로 왔지만 크리스천으로서 기도로 극복해 나아갔다.

그는 최선을 다해 일하면서 알뜰하게 돈을 모아 2년 만에 어렵사리 1톤 트럭을 구입했다. 그때 시작한 일이 폐지와 버려진 책을 모으는 일이었다. 파쇄로 넘어가는 책은 무게로 환산되어 그때그때 폐지 시세대로 가격이 매겨졌다. 책 한 권 무게는 450그램 정도 나가지만 코팅이 되어 재활용이 불가능한 표지와 제본 부위를 뜯어내고 나면 약 300그램쯤 된다. 대략 책 한 권의 값이 40원쯤 되는 셈이었고 거의 현금성 결제로 이뤄졌다.

일을 해나가는 동안 그는 버려진 종이에 담긴 정보가 보통이 아니라는 사실을 깨닫기 시작했다. 그는 '파쇄와 보안의 접목'이라는 새로운 가능성을 기회로 삼았다. 그의 나이 불혹이었다.

2001년 2월, 그는 500만 원의 알토란같은 자금으로 서울 은평구 수색동에 창고와 비닐하우스를 얻고 절단기를 구입했다. 출판사 두 곳도 인수했다. 빚을 지고 신용불량자가 된 상태였기에 아내 명의로 사업자등록을 내고 '모세보안리사이클링'을 설립, 정보 보호를 위한 문서 파쇄업의 기틀을 마련했다.

파쇄 영역을 더 넓히고자 이듬해 150만 원과 1톤 트럭을 갖고 직원 한 명과 함께 경기도 파주로 내려왔다. 책 외에도 서류 폐기 업무도 시작했다. 당시 이런 사업은 아주 생소했기에 주변의 반응은 차갑기만 했다. 여기저기서 비아냥거리는 목소리가 들려왔다. 하지만 그는 전혀 신경 쓰지 않았다. 오히려 더욱 악착같이 일했고 돈을 모았다. 그런 노력으로 모든 빚을 갚았는가 하면 신용불량자 신세에서 벗어날 수 있었다. 2005년 그는 1억 원의 자본금으로 보안문서 파쇄를 전문으로 하는 '모세시큐리티'라는 법인을 설립하여 회사 대표가 되었다.

그가 운영하고 있는 '모세시큐리티'는 은행이나 정부기관, 대기업, 보험사 등에서 생산된 개인정보 수록 문서나 보존 기간이 만료된 문서 등을 정보 재생이 불가능하도록 파기해주는 서비스를 제공해 수익을 창출한다. 2008년에 15억 원, 2009년 23억 원, 2010년 30억 원으로 죽 상승세를 타며 지난해 연매출 43억 원을 올리는 중소기업으로 성장했다.

그는 지금 자신이 하는 일에 누구보다 강한 자부심을 가지고 있다.

"은행만 하더라도 전국 1,000여 개 지점에서 나오는 회수 수표와 인감증명서, 주민등록등본 등의 서류가 엄청납니다. 병원 진료카드나 약국 처방전, 소송 서류, 성적표 등 수백 톤씩 나오는 서류 뭉치 등이 아무런 통제를 받지 않고 폐지 수집상을 거쳐 어딘가에 흘러 들어간다고 생각해보세요. 정말 생각만 해도 아찔합니다."

최근 많은 기업에서 엄청난 양의 개인정보가 유출되어 소비자가 피해를 보고 기업 이미지가 실추되는 일이 자주 일어나고 있다. 그리고 택배 박스에 붙은 주소라벨이 범죄에 이용되는 일까지 벌어지는 세상이다. 그러고 보면 그가 하는 일은 공익을 위한 선한 일이라는 생각마저 든다.

조 대표의 걸어온 길을 통해, 우리는 어떤 위기에 처해 있더라도 더 나은 인생을 살기 위해 기회를 찾는다면 그 기회는 얼마든지 있음을 깨달을 수 있다.

"법 시행을 통해 개인정보를 취득 즉시 폐기하도록 되어 있으니, 잠재력이 무한한 시장이죠. 올해는 70억에서 80억 원의 매출을 기대하고 있어요."

그의 말에서 눈부신 인생 2막이 생생하게 그려진다. 현재보다 시간이 갈수록 더욱 기대되는 사람이라는 생각이 든다.

중년이라는 나이는 단지 숫자에 불과하다. 정말로 모든 일은 마음먹기에 달렸다. 가슴 죄는 압박감과 어깨를 짓누르는 무게만 생각하면 불안과 두려움으로 아무것도 할 수 없다. 하지만 인생 전반전을 통해 깊어진 연륜과 경륜으로 얼마든지 더 나은 인생을 설계할 수 있다.

다만, 더 나은 미래를 만들어가기 위해선 선택과 결단이 필요하다. 그리고 선택하고 결단을 실행하기 위해선 강한 용기가 요구된다. 그런 결정을 내림으로써 이후 감내해야 할 대가도, 영향도 모두 자기 자신이 짊어져야 한다. 하지만 그렇다고 해서 선택과 결단 자체를 두려워해선 안 된다. 인생 후반전 역시 전반전과 다를 바 없을 테니까.

06

은퇴 후 老人이 아닌
努人으로 살아라

　지금의 중년들은 정신없이 앞만 보고 치열하게 살아왔다. 그런데 30대 때에는 그렇게 살다 보면 어느 정도 안정이 되고 여유를 누리며 중년을 보낼 수 있으리라 믿었다. 하지만 이는 착각이었다. '지금까지의 생활이 과연 내가 원하던 인생이었을까?', '앞으로도 지금과 같은 인생을 살아야 하나?'라는 질문이 수없이 든다. 이런 질문들 사이로 인생의 허무감, 공허감이 파고든다.

　이젠 평균수명이 늘어나 퇴직 후 평균 30~40년의 시간을 견뎌야 한다. 이처럼 평균수명이 늘어나고 퇴직 연령은 낮아짐에 따라 퇴직 후 인생 2막을 위한 진로 찾기에 대한 관심과 욕구가 늘어나고 있다.

삼성생명 은퇴연구소가 2012년에 조사한 바에 따르면 우리나라 베이비부머의 약 90퍼센트 이상이 퇴직 후에도 계속 일하기를 희망하고 있는 것으로 나타났다. 일을 하고 싶은 이유로는 생활비 마련, 생계유지 등 경제적 목적 외에도 삶의 의미와 보람을 느끼기 위해 일하는 것이 건강에 좋기 때문이라고 답한 경우가 많았다.

그러나 은퇴 후 일을 하겠다는 생각과는 달리 실질적인 준비는 매우 취약했다. 지난해 삼성생명 은퇴연구소에서 조사한 '은퇴준비지수'에 따르면 우리나라 50대의 은퇴 후 일에 대한 준비는 100점 만점에 절반을 겨우 넘어선 51.1점 수준으로 재무적 준비와 더불어 가장 취약한 것으로 나타났다.

우리나라 국민의 평균 퇴직 연령은 52.6세로 세계에서 가장 낮은 편에 속한다. 이는 돈이 한창 들어가야 하는 시기인 50대 초반에 회사를 나와야 한다는 말이다. 재취업이 가능하다면 생계를 유지하는 데는 큰 문제가 없겠지만 만일 재취업이 불가능하다면 문제는 심각해진다.

지금은 퇴직 이후 적어도 30년 동안 무엇으로 먹고살 것인가를 절실하게 고민해야 하는 시기다. 사람들 중에 공적연금과 퇴직연금만으로도 생활이 충분하다고 말하는 이도 있다. 그렇더라도 일을 하지 못하는 데서 오는 헛헛함은 무엇으로 채울 수 있을까?

2012년 한 해 폐업한 자영업자가 83만 명에 달한다. 게다가 베이비부머 은퇴자까지 쏟아져 앞으로 갈수록 더 심각해질 것이다. 그래서 많은 이가 정부를 향해 말로만 일자리 창출을 외치지 말고 실질적인 대책을 내놓아야 한다고 외치고 있다.

"베이비부머 세대의 은퇴를 보면서 걱정과 두려움이 생기는 마음은 어쩔 수가 없네요. 갈수록 실질체감 물가는 부담스럽기만 하고, 자식은 키워야 하고, 부부의 노후 준비는 물론, 부모들까지 걱정해야 합니다."

나는 40~50대들에게 강연을 할 때 마지막에 꼭 "은퇴 후 노인(老人)이 아닌 노인(努人)으로 살아라"라는 메시지를 빠뜨리지 않는다. 은퇴 후 딱히 할 일이 없어 빈둥거리며 허송세월하는 노인(老人)으로 사는 것보다 더 곤궁하고 비루한 것도 없다. 반면에 은퇴 후 자신이 좋아하는 일을 하는 노인(努人)으로 산다면 후반전이 기대되는 인생을 살아갈 수 있다.

그런데 직장인들을 살펴보면 퇴직 후 무엇을 하면 좋을지에 대해 진지하게 고민하는 이는 그리 많지 않은 듯하다. 대부분 발등에 불이 떨어져야 부랴부랴 무엇을 해서 먹고살지 고민한다. 직장에 다니는 지금은 그나마 밥그릇이 안전하다. 따라서 지금 그나마 여유가 있을 때 구체적인 청사진을 그리며 미래를 준비해야 한다.

그렇다면 퇴직이라는 철퇴를 맞기 전에 먼저 준비해야 할 일은 무엇일까? 퇴직 후 선택할 수 있는 일의 방향은 크게 세 가지로 나눌 수 있다.

첫째, 전 직장 경험을 살려 유사 업종에 취업한다.

둘째, 새로운 분야에서 창업을 한다.

셋째, 자신의 전문성이나 취미를 토대로 책을 펴내고 강연, 코칭, 칼럼 기고 등을 통해 1인 기업가로 활동한다.

인생은 선택으로 이루어져 있다. 지금 어떤 판단 기준으로 무엇을 선택하느냐에 따라 남은 인생이 완전히 달라진다. 사람들 중에 아무것도 선택하지 않는 이가 있는데, 이 역시 아무것도 선택하지 않기로 한 선택을 내린 것이다. 어떤 선택을 내리든 중요한 것은 자신이 어떤 일을 가장 잘하는지, 좋아하는지, 고민하는 시간을 충분히 가져야 한다는 점이다. 자신이 가장 잘할 수 있는 일을 선택해 미리 준비하는 것이 은퇴 후 인생 후반전을 준비하는 데에서 가장 바람직하다.

대기업에서 부장으로 은퇴한 L이 있다. 그는 현재 금융계 재취업에 성공했는데 그 비결을 묻자 자신의 관심 분야와 강점 등을 분석, 자신의 능력을 객관적으로 평가한 것이라고 말했다. 특히 과거의 경력을 검토하여 자신의 장단점을 파악하고 오랜 경험을 통해 쌓아온 자질과 인맥을 통해 인생 2막을 열 수 있었다.

칠전팔기로 자격증을 무려 35개나 취득한 사람이 있다. 지난 2006년 6월 자동차검사기사 실기시험을 치르던 J 차장의 왼손이 변속기에 물려 피가 흘렀다. 하지만 상처보다 실격이 두려웠던 그는 급한 대로 엔진오일을 발라 지혈했다. 그러나 이를 발견한 감독관은 안전관리 위반으로 그를 실격 처리했다.

그러나 그는 좌절하지 않고 오히려 더욱 치열하게 노력했다 그 결과 이후 7년간 자동차·금속 등 다양한 분야에서 35개의 자격증을 따내는 기염을 토했다. 이 덕분에 그는 현재 자신이 몸담고 있는 회사에서 유명인사가 되었다.

그는 2011년 4월, 한국산업인력공단의 전산시스템에 문제가 있다고 지적했다. 금속재료기술사와 기계제작기술사 자격의 2차 시험을 접수했는데, 하나를 접수하면 다른 하나가 취소되었기 때문이다. 동시 접수가 안 된다고 공단에 문의한 끝에 취득한 자격증이 너무 많아 시스템 한도를 초과했다며 오류를 수정하겠다는 답변을 들었다. 우여곡절 끝에 시험을 봤지만 기계제작기술사만 합격했다. 하지만 그는 다시 도전해 이듬해 금속재료기술사에 합격했다.

그는 현재 회사에서 가장 인정받는 사원 중 한 사람이다. 그가 이처럼 자신의 역량을 최대한 발휘할 수 있었던 것은 끊임없는 자기계발 덕분이었다.

은퇴 후 노인(老人)이 아닌 노인(努人)으로 살기 위해선 지금부터 부단하게 준비해야 한다. 은퇴 후에는 어떤 모습으로 살아갈지 청사진을 그리고 롤모델을 정해야 한다. 그리고 롤모델이 걸어갔던 발자취를 따라 걷는다면 분명 찬란한 인생 2막이 다가올 것이다. 성공도, 행복도 선택이기 때문이다.

'성공 신화', '대모(大母)'로 불리는 김순진 놀부 NBG 회장이 있다. 그녀는 충남 논산에서 열여섯 나이로 무작정 상경해 30대 중반에 신림동 뒷골목에서 5평짜리 보쌈집을 오픈했다. 그리고 30대 후반에 가맹 사업을 시작해 현재 1,000억 원대 연매출과 수천 명의 직원을 거느린 종합외식기업 놀부를 키워냈다. 그녀의 성공 비결 역시 자신감과 실행력이었다.

"벼랑 끝에 서본 사람으로서 감히 이런 말을 하고 싶습니다. 간절히 원하면 꿈은 이루어집니다. 얼마나 간절한 꿈을 가졌느냐에 따라 이루고자 하는 노력의 열정도 다르다고 생각합니다. 끝까지 포기하지 않고 최선의 노력을 한다면 반드시 행복한 결과는 오게 마련이지요."

나이가 들면서 과거를 돌아보는 횟수가 늘어난다. 대부분의 중년이 그렇겠지만 나의 젊은 시절 역시 하고 싶은 일이 있어도 현실의 벽에 부딪혀 포기하거나 주변 상황에 맞춰 직업을 선택했던 경우가 많았다. 인생을 어느 정도 산 지금에서 보면 '현실의 벽이 있든 주변 상황이 허락하지 않든 아랑곳하지 않고 내가 원하는 일을 했어야 했는데' 하는 후회가 밀려온다. 어차피 인생은 한 번뿐이고, 그것도 오롯이 내 인생 아닌가.

내가 젊은이들에게 당부하는 말은 남의 눈치 보지 말고 진정으로 원하는 삶을 살아야 한다는 것이다. 자신이 추구하는 삶의 목표보다 주변 사람들의 시선에 더 신경을 쓰다 보면 당초 자신이 무엇을 원했는지조차 잊고 살게 된다. 그저 일만 하는 기계로 전락하고 마는 것이다. 이런 인생에서 설렘, 기대감, 행복감,

성취감 등을 느낄 리 만무하다. 타인의 눈치를 보며 선택한 인생의 목표들은 불행의 시작이다.

젊은 시절에 하고 싶었지만 못했던 일이 있다면 인생 2막에서만큼은 꼭 자신을 위해 살아야 한다. 그러기 위해선 먼저 자신의 모든 것을 걸 만큼 잘하는 일을 찾아야 한다. 과거에 꼭 하고 싶었지만 하지 못했던 일, 주변 여건 때문에 미처 끝내지 못했던 일이 무엇인지 생각해보라.

나나 당신이나 인생의 절반을 살았다. 따라서 지금 얼마만큼 생각하고 준비하느냐에 따라 미래는 확연히 달라진다. 인생 2막은 결코 1막과 같거나 못해선 안 된다. 오히려 연륜과 경륜으로 더 즐겁고 행복하게 살아야 한다. 퇴직 이후의 인생에 대해 비관적인 시선을 보내기보다 나에게 다시 한 번 주어진 일생일대의 기회로 삼고 멋지게 누리기 위해 애써야 한다.

다시 말하지만 퇴직하기 전에 자신의 미래를 설계하는 일이 무엇보다 중요하다. 미래를 구체적이고 선명하게 그리고, 뚜렷한 목적의식을 가져야 한다. 그렇게 한다면 은퇴는 막연한 두려움이 아닌 기대와 설렘으로 다가올 것이다. 그야말로 진짜 인생이 시작되는 것이다.

나는 최고의 은퇴 준비란 회사를 나온 이후에도 내가 좋아하는 일을 계속할 수 있는 시스템을 구축하는 것이라고 생각한다. 자, 지금부터 고민만 하지 말고 최고의 은퇴 준비를 실행에 옮겨보자.

07

이젠 정말
나를 위해서만

얼마 전 회식 자리에서 일흔이 다 되신 한 선배가 나를 보고 말씀하셨다.

"김 회장, 이제 좋은 시절 다 갔네. 50, 60도 금방이야. 그동안 처자식 위해 헌신하듯이 살았으니 이제부터는 김 회장을 위해서 좀 살아. 나이 더 들고 나면 남는 건 후회와 미련밖에 없어. 내가 김 회장 나이만 돼도 펄펄 날 텐데……."

평소에 과묵한 분이기에 그날 선배의 말씀을 그냥 가볍게 넘겨버릴 수 없었다. 집으로 돌아오면서 그동안 내가 걸어온 발자취를 돌아보게 되었는데, 정말 한 가지가 빠져 있었다. 내 인생에 '나'라는 주어가 빠져 있었던 것이다. 30대까지만 하더라도 꼭 실현하고 싶은 몇 가지 꿈과 해보고 싶었던 일들도 있었는데 이젠 잘 떠오르지 않는다. 인생의 절반을 산 지금 선배의 말씀처럼 내가 이루지 못했던 일들에 대해 후회와 미련이 파도처럼 밀려온다.

우리가 평소 자주 듣는 말 중 "현재를 살아야 한다"라는 말이 있다. 그런데 가장 실천하기 어려운 말 중 하나이기도 하다. 과거는 이미 지나갔기에 바꿀 수 없고, 미래는 아직 다가오지 않았기에 어떤 영향력도 미칠 수 없다. 하지만 현재는 다르다. 어떤 선택과 행동을 내릴 수 있는 유일한 시간이다. 그리고 지금 내리는 선택과 행동에 의해 미래가 달라진다. 때문에 과거를 떠올리며 후회하거나 아직 도래하지 않은 미래를 생각하고 고민하며 시간을 낭비해선 안 된다. 아직 미래를 바꿀 기회들이 많기 때문이다.

최근 눈물 없이 읽을 수 없는 감동 스토리가 담긴 위지안의 『오늘 내가 살아갈 이유』를 읽었다. 위지안의 책을 읽으면서 몇 번이나 눈물을 훔쳤는지 모른다. 중년 남자가 부모님, 형제, 친구가 세상을 떠난 일도 아닌 외국 여성의 에세이를 읽으면서 눈물 흘렸다는 말에 어쩌면 많은 이가 '찌질이' 혹은 푼수라고 여길지도 모른다. 하지만 개의치 않겠다. 나는 그 책을 통해 그동안 일에만 매달려온 내 모습을 돌아볼 수 있었고, 나아가 앞으로 어떻게 살아야 할지를 깊이 고민하게 되었으니까.

이 책을 읽으면서 두 가지를 새삼 느낄 수 있었다. 인간은 그 어떤 존재보다 강하고 위대하다는 사실과 오늘 내가 살아가야 할 분명한 이유가 있다는 사실이다. 아직 이 책을 읽어보지 못한 독자들을 위해 잠시 책 소개를 하자면 이렇다.

위지안은 한 아이의 엄마이자 푸단대학의 교수로서 네 발로 뛰어도 모자랄 만큼 바쁜 하루하루를 보내고 있었다. 그런데 하루는 자전거를 타다 허리를 접질려 치료를 받던 중 암 선고를 받았다. 그것도 이미 뼈까지 전이되어 손쓸 수 없는 상태였다. 그녀는 숨이 막히고 눈앞이 캄캄했다. 그녀는 타국에서 온갖 힘든 공부를 해내고 박사학위를 받아 본격적으로 날개를 펼치려는 순간이었다. 그리고 눈에 넣어도 아프지 않을 아들이 이제 막 '엄마'라는 말을 시작한 순간에 암환자가 된 것이다.

의사는 그녀에게 "보통 이 정도 상태라면 맨 정신으로는 고통을 견뎌낼 수 없습니다"라고 했다. 하지만 그녀는 자신과 한 가지 약속을 했다. '절대 포기하지 않겠다'라는 것이다. 그녀에게는 포기할 이유보다 포기하지 말아야 할 이유가 더 많았기 때문이다. 아픈 엄마를 위로해주는 사랑스런 아들이 있고, 하늘에다 대고 '내가 50년 동안 매일매일 그녀의 엉덩이를 닦아줄 수 있게 해달라'고 비는 남편, 암과 사투를 벌이는 딸을 위해 매일 새벽 기도하는 마음으로 약물을 달여 달려오는 부모님이 있기 때문이다. 그리고 무엇보다 산림자원을 이용해 환경보호는 물론 에너지로도 이용할 수 있는 '에너지 숲'을 만들어보겠다는 학자로서의 꿈이 있기 때문이다.

위지안은 뼈가 부서지고 녹아내리는 혹독한 고통 속에서도 자신에게 주어진 인생을 포기하지 않았다. 오히려 얼마 남지 않은 시간을 더욱 소중하고 값지게 쓰기 위해 매일매일 자신의 블로그에다 '생명 일기'를 적어 내려가기 시작했다. 그 일기들이 책으로 세상에 나오게 되었다.

나는 이 책을 읽고 나서 지금까지 살아왔던 내 모습으로는 분명 훗날 인생의 뒤안길에서 크게 후회할 것이라는 생각이 들었다. 그러자 그동안의 인생에도 많은 미련과 후회가 담겨 있는데 더 이상 내 인생에게 미안해지고 싶지 않았다.

김정한의 『잘 있었나요 내 인생』에 이런 문구가 나온다.

'단 한 번의 삶, 사람으로 세상에 던져졌지만 어쩔 수 없이 사는 게 아니라 멋지게 살아야 한다. 많은 것을 갖기 위해서가 아니라 의미 있는 삶을 살아야 한다. 앵두 빛 알을 낳고 자식의 배경이 되는 연어처럼 장엄하게 살다가 죽어야 한다.'

15년간 다니던 회사를 그만두고 남은 인생만큼은 자신을 위해 살아야겠다고 선언한 J가 있다. 그는 대학 시절부터 등산을 좋아했다. 주말마다 동호회 사람들과 등산을 즐겼는데, 대기업에 들어가면서 업무가 바쁜 나머지 등산과 멀어지게 되었다. 그래서 늘 그의 마음 한구석에는 등산에 대한 미련이 남아 있었다.

"사람은 자신이 좋아하는 일을 하면서 살아야 행복한데…… 요즘 제가 사는 게 사는 게 아닙니다."

위로받고 싶은 마흔 벼랑 끝에 꿈을 세워라

그는 툭하면 이런 말을 내뱉곤 했다. 몇 해 전부터는 승진에서 거듭 미끄러지면서 신세를 한탄하는 횟수도 더욱 늘었다.

그랬던 그가 한 달 전에 등산용품점을 개업한다며 연락을 해왔다. 남들은 요즘 같은 불경기에 회사에서 잘릴 때까지 다니지 왜 굳이 사서 고생하냐며, 곱지 않은 시선을 보냈다. 하지만 나는 등산이야말로 그가 정말 좋아하고 잘하는 분야인 데다 요즘은 야외 활동을 즐기는 사람들이 늘어나고 있는 추세이기에 정말 잘 선택한 일이라고 생각했다.

무엇보다 남들은 인생 2막만큼은 오롯이 나를 위해서 살고 싶다고 생각하지만 실제적으로 행동으로 옮기는 사람은 극소수다. J가 자신의 바람을 그저 가슴속에만 담아두지 않고 실제로 실천했다는 것에 박수를 보내고 싶다. 남자는 나이가 들수록 이것저것 얽히는 것이 많아 회사를 그만둔다는 것은 목숨을 내놓는 일과 다름없기 때문이다. 이것 하나만으로도 그는 충분히 성공하는 인생을 살기 시작했다고 말할 수 있다.

"그동안은 가족을 위한 책임감과 의무감에 밀려서 살았습니다. 지금부터는 또 하나의 인생을 시작한다는 생각으로 나 자신을 위한 삶을 살고 싶습니다."

와이비 글로벌의 정부일 대표. 쉰 중반인 그는 국내 1위의 해운회사인 한진해운에서 26년간 일하며 전 세계를 무대로 활동했다. 40대 후반에 그는 임원에 올라 7년간 전 세계 영업을 총

괄했다. 그는 사람들에게 성공한 인물로 비춰졌다. 그러나 그의 속사정은 달랐다. 그는 당시를 이렇게 술회했다.

"은퇴 연령이 가까워 오기도 했고 해운경기가 안 좋아 회사 사정이 나빠지게 되면서 자연스레 퇴직을 결심하게 됐습니다."

막상 대기업 임원 자리를 내놓고 회사를 떠난다고 생각하니 마음이 착잡했다. 동시에 그는 그동안 누구보다도 최선을 다해 살아왔다고 자부하지만, 좀 더 깊이 내면을 들여다보는 동안 외부의 시선과 압박 속에서 책임감과 의무감에 떠밀려 살아왔음을 자각하게 되었다. 고민을 거듭한 끝에 이제부터는 외부의 시선에서 벗어나 진정으로 원하는 일을 하며 살기로 결심했다.

그는 자타가 공인하는 '해운전문가'라는 강점을 살리기 위해 고민했다. 그러자 기술력은 있지만 자금이나 전문인력이 부족해서 수출에 어려움을 겪고 있는 중소기업들이 눈에 들어왔다. 많은 중소기업이 우수한 기술력을 가지고 있음에도 자금이나 인력이 부족해서 수출에 어려움을 겪고 있었다.

그는 해외수출 지원을 위한 협력 업체를 세우기로 했다. 해외수출에 어려움을 겪고 있는 기업들과 파트너십을 구축해 그 기업들의 해외수출을 도와야겠다는 소명의식에서였다. 그렇게 해서 아내의 이름과 자신의 이름을 따서 '와이비 글로벌'을 창업했다.

그는 사회적인 잣대보다 자신이 잘할 수 있는 일을 선택했다. 물론 대기업 임원에서 1인 기업가로의 변신은 쉽지 않았다. 소소한 워드작업 하나까지 모든 것을 자신이 직접 해야 했기 때문이다. 하지만 그는 자신의 일에 자기의 모든 것을 쏟았다. 그러자 시간이 지나면서 성과가 나타났고 현재는 5개 기업의 수출업무를 도와주고 있을 정도로 성장했다.

그는 대기업에서 임원으로 있을 때보다 직접 발로 뛰며 생활하는 요즘이 더 행복하다고 말한다.

조지 캔들러는 이렇게 말했다.

"인생의 태엽은 단 한 번만 감긴다. 시곗바늘이 언제 멈출지 말해줄 수 있는 사람은 아무도 없다. 지금은 당신에게 주어진 유일한 시간이다."

그렇다. 우리는 언제 멈출지 알 수 없는 인생을 살고 있다. 그래서 지금 우리에게 주어진 시간은 바로 지금 이 순간이다. 따라서 '내일은 없다'라는 절박한 심정으로 오늘을 살아야 한다.

나나 당신이나 이제 인생 1막이 끝났을 뿐이다. 1막을 사는 동안 우리는 많은 연륜과 경륜을 쌓아오면서 더 나은 인생을 살 수 있는 지혜들을 얻었다. 2막만큼은 오롯이 내 인생을 위해서만 살아야 한다. 그러기 위해선 먼저 몸과 마음 모두를 한번 돌아볼 필요가 있다. 나이라는 숫자에 얽매여 스스로 열정을 막아버리지는 않았는지, 내 인생의 전성기가 지났다고 포기하지는 않았는지…….

내가 아닌 남을 위해 사는 인생은 자칫 나뿐만 아니라 주위 사람들의 인생까지 피폐하게 만든다. 오롯이 나를 위해 즐겁게 살 때 그 기쁨과 행복이 결국 가족은 물론 주위 사람들에게까지 젖어들게 된다.

나나 당신이나 지금껏 가장이라는 등짐을 지고 달려오느라 정말 고생이 많았다. 이제부터 더는 아내와 자식들의 눈치를 보며 내가 없는 인생을 살지 말자. 가족을 위한다는 미명하에 소중한 내 인생을 허비하는 못난 중년이 되지 말자. 바로 지금이 내 인생 최고의 전성기이니까.

마지막으로 독일의 소설가 장파울의 명언을 가슴 깊이 각인시켜보자.

"인생은 한 권의 책과 같다. 어리석은 사람은 대충 책장을 넘기지만, 현명한 사람은 공들여서 읽는다. 그들은 단 한 번밖에 읽지 못하는 것을 알기 때문이다."